OS SEM TERRINHA

UMA HISTÓRIA DA LUTA SOCIAL
NO BRASIL (1981-2012)

Monyse Ravenna de Sousa Barros

OS SEM TERRINHA

UMA HISTÓRIA DA LUTA SOCIAL NO BRASIL (1981-2012)

1ª edição

EXPRESSÃO POPULAR

São Paulo • 2020

Copyright © Expressão Popular, 2020

Revisão: *Cecília Luedemann e Lia Urbini*
Diagramação e capa: *Zap Design*
Impressão: *Docuprint*

Dados Internacionais de Catalogação-na-Publicação (CIP)

B277s Barros, Monyse Ravenna de Sousa
Os sem terrinha: uma história da luta social no Brasil (1981-2012) / Monyse Ravenna de Sousa.-- 1.ed. —São Paulo : Expressão Popular, 2020.
228 p. : fots.

Indexado em GeoDados - http://www.geodados.uem.br
ISBN 978-65-991365-8-0.

1. Lutas sociais – Brasil. 2. Movimento Sem Terra - Brasil. 3. MST – Brasil. 4. Trabalhadores rurais – Brasil. I. Título.

CDU 333.013.6(81)
CDD 307.2420981

Bibliotecária: Eliane M. S. Jovanovich - CRB 9/1250

Todos os direitos reservados.
Nenhuma parte deste livro pode ser utilizada ou reproduzida sem a autorização da editora.

1ª edição: dezembro de 2020
1ª reimpressão: abril de 2024

EDITORA EXPRESSÃO POPULAR
Alameda Nothmann, 806 – Sala 06 e 08
01216-001 – Campos Elíseos – SP
livraria@expressaopopular.com.br
www.expressaopopular.com.br
ed.expressaopopular
editoraexpressaopopular

SUMÁRIO

PREFÁCIO 7
Inês Vitorino

INTRODUÇÃO 11

O ABRAÇO FRATERNO E O PUNHO CERRADO 23
   A luta por Reforma Agrária no Brasil 23
   A greve dos Sem Terra é a ocupação 33
   Nos acampamentos, um horizonte de esperança 45
   Uma cartografia da violência do campo 55
   "Eu pedia para a polícia não matar os meus filhos" 62
   "Do chapéu de palha ao boné vermelho" 70

A LUTA POR IMPRESSO E A INFÂNCIA NO MST 79
   O lugar da comunicação no Movimento Sem Terra 79
   A infância no Jornal Sem Terra 93
   A pauta da violência 111
   A negação dos direitos 120
   "Ocupar, resistir e produzir também na educação" 125
   Imprimindo uma história de lutas na Revista Sem Terra 134
   Para uma formação de leitores e leitoras desde a infância 148

OS SEM TERRINHA E UMA PEDAGOGIA DA LUTA SOCIAL 153
   Livros e leitores e leitoras fazendo História 153
   Um Jornal dos Sem Terrinha 172
   Uma pedagogia da infância 176
   Uma narrativa histórica na Revista Sem Terrinha 190
   Os Sem Terrinha em movimento 194

CONSIDERAÇÕES FINAIS 211

ACERVOS E FONTES 215

REFERÊNCIAS 217

PREFÁCIO

Inês Vitorino[1]

"A palavra e as crianças em movimento"

O convite para escrever o prefácio do livro de Monyse Ravenna me chegou como um convite para celebrar a vida que se gesta como resistência frente à violência da desigualdade social de raiz que nos marca como nação. Trata-se de uma narrativa desvelada pela historiografia nacional, agenciada ontem e hoje por latifundiários – empresários do agronegócio e da comunicação –; capitães do mato e milicianos; magistrados e advogados da "ordem e do progresso", unidos neste projeto comum de defesa de interesses privados, pela lei e/ou pela bala.

A dissertação de Monyse Ravena nos revela o outro lado dessa luta, tecida pelo Movimento dos Sem Terra na resistência ao arbítrio e à injustiça, na história recente do país. Ao optar por contar essa história, considerando os agentes que a protagoniza-

---

[1] Professora do Programa de Pós-Graduação em Comunicação Social da Universidade Federal do Ceará.

ram, ela enxergou as crianças e elas encheram as páginas deste livro com suas dores e alegrias.

A morte pela fome, pelo envenenamento, pela truculência de Loivaci Pinheiro, Marco Rodrigo Toledo, Alexandre Batirtella, Jaime Rhoden, Marisa Garcia da Rocha, entre outros, dos pequenos irmanados na luta com o índio Pataxó Hã-Hã-Hãe, o cacique Suruí e Margarida Alves, para citar alguns, tocam a alma, o humano que há em nós. Chamam à luta em palavras, cantos, hinos, bandeiras, marchas, congressos, festas e tantas outras formas de expressão para que tamanha perda não tenha sido em vão, apelam à solidariedade.

Monyse nos convida, então, a enxergar que é em movimento que as crianças descobrem sua força, gestando sua identidade como Crianças Sem Terrinha, participam, colaboram com a construção de "uma luta social da teimosia", que é também "dos sorrisos, da mística e da identidade que foi sendo construída pelo MST".

O contexto da ditadura militar, no qual a luta do MST e das Crianças sem Terrinha é gestada, é cuidadosamente traçado, expondo a violência do latifúndio e do Estado e a ocupação como estratégia para a garantia do direito à terra. O primeiro sinal da sensibilidade da jornalista no tratamento de aspectos comunicacionais mobilizados pelo Movimento se materializa, neste capítulo, na escolha emblemática do subtítulo: "Do chapéu de palha ao boné vermelho".

Na história das Crianças Sem Terrinha, a negação da terra se soma à negação de outros direitos, como a escola. Frente a isso, a resposta do movimento é a construção de um projeto formativo próprio, discutido em suas possibilidades e contradições no segundo capítulo. Nesse processo, as iniciativas infantis que passam a integrar a política de formação, divulgação e comunicação do Movimento, – cartilhas, jornais, revistas – roubam a cena. A algazarra das crianças se faz ouvir. A historiadora, ciosa da contribuição das crianças para a história, faz valer o seu entendimento de que "a prática historiográfica se constitui não apenas na recolha das fontes, mas na produção delas.

Assim, segue, no terceiro e último capítulo, tecendo essa extraordinária história de crianças em movimento, pautada no estudo cioso de fontes como o *Jornal Sem Terra*, *Jornal Sem Terrinha*, *Revista Sem Terra* e *Revista Sem Terrinha*, valorizando suas palavras, desenhos, cantos, fotografias, marchas, encontros, entre outros. Elas contam sua história, Monyse as escuta atentamente, mesclando suas vozes aos dotados de palavra – historiadores, educadores, psicólogos –, reconhecendo o protagonismo da meninada.

No início do seu texto, ao anunciar a promessa de realizar um "trabalho de fôlego" e estudar "a infância Sem Terra, o papel e a presença das crianças em toda a história do MST", um pensamento imediato vem à cabeça: ela dará conta?

Convido o(a) leitor(a) a responder por si mesmo a essa questão, a debruçar-se sobre a tessitura consistente e sensível de sua investigação. Da minha leitura, posso dizer: vocês estão a ler uma historiadora que honra a palavra e as crianças... em movimento!

INTRODUÇÃO

O envolvimento com a luta dos Trabalhadores Rurais Sem Terra e o compromisso político-pedagógico com a luta pelo direito à infância têm-nos chamado à necessidade de aliar a pesquisa à construção de um projeto de vida em favor dos *pobres da terra*, no dizer de José Martí.[1] O fazer investigativo ganha mais sentido quando se torna possível a fusão da história pessoal com a da vida pública, política e profissional. Por isso, esta pesquisa engaja-se, primeiramente, à opção política de buscar encontrar coerência para a produção científica naquilo que consideramos ser seu papel: ajudar a construir uma nova humanidade.

Assim é que optamos por estudar os excluídos da história, as crianças Sem Terrinha, que são cada vez mais sujeitos do processo histórico na Luta pela Terra no Brasil. Os Sem Terra e os Sem Terrinha fizeram de sua condição de expropriados da terra

---

[1] José Martí nasceu em Havana em 1853. Foi poeta, político e escritor cubano, lutou para subverter a ordem de seu país, no continente e no mundo. Ocupou-se prioritariamente da América Latina e suas relações com os Estados Unidos (Rodrigues, 2006). Ver mais em: Martí, José. *Nossa América* – Antologia. São Paulo: Hucitec, 1983.

o motivo básico para deflagrar um processo de luta contra as opressões e as contradições do capitalismo e assumir sua condição de sujeito da história. Entendemos que a própria pesquisa deve deflagrar uma possibilidade de estatuto de sujeito ativo a quem sempre esteve relegado ao silêncio e à espera, nesse caso as crianças Sem Terrinha que, como verificamos aqui, têm, cada vez mais, uma compreensão significativa do que estão vivendo e da realidade que estão se propondo a mudar.

Para a pesquisa, é preciso considerar o surgimento e a existência do MST na vigência do modo de produção capitalista, construído historicamente, com base em um projeto que desvaloriza a vida humana e planetária e quer tornar a acumulação de capital a razão de ser de todos os seres humanos. Como consequência desse sistema, que se sustenta na exploração de uma classe por outra, temos vivido tempos de acirrada crise social: são milhares de pessoas sem comida, sem-teto, sem-educação, sem-saúde, sem-emprego, sem-terra, sem-dignidade, sem-infância, sem-velhice, sem presente e sem esperança no futuro.

Considerando isso, propomo-nos a contar uma história sobre os Sem Terrinha, as crianças do Movimento dos Trabalhadores Rurais Sem Terra (MST). Ao contar a história das crianças, contaremos também parte da história de adultos, jovens e velhos; homens e mulheres; militantes e trabalhadores rurais do MST. E, ao contar suas histórias, nos deparamos, ao longo do caminho, com alguns que correm ao largo, uns que tropeçam e muitos que marcham rumo a uma utopia. Contaremos aqui a história da relação da criança no MST com a cultura e a sociedade que as rodeiam.

É no território camponês que se forja a criança Sem Terra, sujeito social, histórico e objeto deste estudo. Nossa pesquisa conta as ações e decisões do MST durante os seus quase 30 anos de existência, colocando em relevo aquelas que dizem respeito às crianças.

Em nosso meio social, na família, na escola, nos movimentos sociais, geralmente, as histórias de crianças ecoam como histórias dos outros, passadas e vividas, como parte daquilo que "eu fui", e não como uma história protagonizada pelo sujeito social criança. A relação da memória da infância com o que ela significou para os outros é imediata. Assim, o sociólogo José de Souza Martins nos diz que,[2] em algumas sociedades, nem os adultos têm biografia, imagine as crianças. No campo da luta social, os movimentos de trabalhadores, por muitos anos, empenharam-se em registrar a trajetória do ser coletivo, porém sem desconsiderar as trajetórias individuais. E mesmo os poucos que tiveram, na biografia ou na autobiografia, o registro de sua vida, talvez não tenham tido aí registrado, com a importância devida, aquilo que era particular da infância.

"Se entre os mais ricos há mais certezas, entre os mais pobres há mais esperanças. Justamente por isso, os ricos têm muito a lembrar e os pobres muito a esquecer".[5] As pessoas pobres, por muitas vezes, não dão importância àquilo que viveram, não encontram motivos para recordar e contar essas recordações. Falando sobre as histórias da classe trabalhadora, José de Souza Martins afirma:

> Venho de uma classe social praticamente sem histórias pessoais, a classe trabalhadora. Não ter história faz parte do conformismo que tem sido próprio da cultura obreira, que recobre e não raro trava, no dia a dia, inquietações e contradições. Individualizações biográficas são coisas das elites, dos importantes, da burguesia e da classe média, dos demiurgos, dos que decidem e mandam, dos que vivem, à margem do processo de reprodução social, a vida das exceções.[3]

---

[2] Martins, José de Souza. *Uma arqueologia da memória social*: autobiografia de um moleque de fábrica. Cotia: Ateliê, 2011.
[3] *Ibid.*, p. 448.

Quando falamos de operários e de camponeses, deparamo-nos, muito constantemente, com memórias de privações. Conseguem memórias quando transgridem a lei, quando se tornam assunto do noticiário policial. Ou quando saem do cerco de sua classe e de sua condição social. Neste Brasil contemporâneo, ser e agir como Sem Terra em luta é uma das principais maneiras que os camponeses encontraram para construção de suas histórias.

Também memórias de camponeses-crianças são raras. Nesse mundo do trabalho rural, a criança foi, desde muito tempo, contada como braços a mais, na lavoura e no trabalho da casa, embora nem seu *status* de trabalhador tenha sido considerado. Por isso, também o tempo não lhes pertence, pois a lógica do mundo do trabalho é que sobressai sobre o tempo da criança. Foi sempre um vir a ser, que "ajudava" *aqui e ali*, mas que não era essencial em lugar algum. No campo, inúmeras vezes as crianças são postas em uma condição de aprender a vida que inevitavelmente levarão, se preparam para herdar a vida de seus pais, que por sua vez a herdaram dos avós, e assim o ciclo vai acontecendo.

Ao mesmo tempo em que a modernidade funda o conceito de infância como categoria específica e diferente dos adultos, essa concepção tem colocado as crianças numa condição de seres irracionais e menores em relação aos adultos, grupo que, no desenvolvimento da modernidade, consolidou-se com maior poder sobre os outros grupos geracionais: crianças, jovens e velhos. Enquanto objeto de estudo, as crianças ou a infância constituem sempre outro diferente daquele que o nomeia e o estuda. As palavras "infante", "infância" e demais cognatos, em sua origem latina e nas línguas daí derivadas, recobrem um campo semântico estreitamente ligado à ideia de ausência de fala. Esta noção de infância como qualidade ou estado do infante, isto é, daquele que não fala, constrói-se a partir dos prefixos radicais e linguísticos que compõem a palavra: in = prefixo que indica negação; fante = particípio presente do verbo latino *fari*, que significa falar, dizer.[4]

A história geracional desses sujeitos – crianças – foi, por muito tempo, ignorada pela historiografia tradicional. Deve-se a isso a lacuna de reflexão e produção acadêmica sobre as crianças no campo da história. Porém, mesmo entre pesquisas de outras áreas que se dedicam ao estudo da infância, esta geração passa a ser objeto quando antecipa sua condição de adulto, normalmente, pela via do trabalho. Estudos sobre a infância trabalhadora são importantes e essenciais para o campo da história da infância, porém não apenas o aspecto do trabalho pode ser considerado nesses casos.

Também a disseminação de um discurso idealista e abstrato sobre as crianças tem contribuído para que elas passem a ser desrespeitadas duplamente: primeiro, por não serem reconhecidas na sua diversidade, prevalecendo, no imaginário popular, a imagem homogênea de criança branca, rica e inocente porque isenta do mundo do trabalho; segundo, porque, atrelada a essa imagem, encontra-se a ideia de dependência em relação aos adultos, o que as coloca na condição de submissas e incapazes, ou seja, numa relação de poder em que são hierarquicamente vistas como menores.[5]

Justificamos esse entendimento a partir do reconhecimento de que, sobre as crianças, pesa a condição de serem dependentes dos adultos. Esse fato tem levado à construção de uma cultura

---

[4] Lajolo, Marisa. "Infância de papel e tinta". *In:* Freitas, Marcos Cezar de. *História social da infância no Brasil.* São Paulo: Cortez, 2003.

[5] Arenhart, Deise. *A mística, a luta e o trabalho na vida das crianças do Assentamento Conquista na Fronteira:* significações e produções infantis. 2003. Dissertação (Mestrado em Educação) – Universidade Federal de Santa Catarina, Florianópolis, 2003.

"adultocêntrica" que relega às crianças a condição de "menores", sem condições para agir sem a tutela de adulto, sem autonomia e, portanto, sem capacidade de organização.

Apesar dessas constatações, hoje, vários movimentos que têm como sujeitos ativos as crianças e adolescentes não concordam com essa concepção e promovem ações que as desconstroem. Entre estes, o Movimento Nacional de Meninos e Meninas de Rua, as redes de crianças e adolescentes organizadas pelos Centros de Defesa dos Direitos das Crianças e Adolescentes (Cedecas), os grupos organizados pela Pastoral do Menor.

Não existe, a bem dizer, uma infância. Existem várias experiências humanas que modelam a criança dentro de limites cronológicos determinados. A esses períodos que desenham a pessoa da criança ou a criança como pessoa sobrepõem-se as alteridades dos tempos sociais que delimitam o território onde cada um se faz. A história da criança brasileira está relacionada às maneiras de ver, aos sentimentos e às atitudes que a sociedade, ao longo dos tempos, produziu e reproduziu em relação à infância. O desafio de escrevê-la consiste, justamente, em reconstituir os papéis sociais desempenhados pela infância nos diversos momentos políticos, sociais, econômicos e culturais vividos pela sociedade brasileira, procurando compreender as formas peculiares de sua inserção nesses contextos históricos globais.[6]

O desafio de ver, viver, sentir o mundo a partir da própria criança tem uma relevância que a maioria dos adultos não compreende e, não raro, desdenha. Em particular, quando nos referimos à criança camponesa, percebemos que os registros sobre elas são raros. Contudo, nos séculos XX e XXI, os movimentos sociais, e aqui destacamos o Movimento dos Trabalhadores Ru-

---

[6] *Ibid.*

rais Sem Terra (MST), percebem que as crianças pensam, percebem, agem e têm muito a nos dizer.

As crianças camponesas têm a pobreza como uma constante e, em muitos casos, não têm a possibilidade de viver a infância com suas brincadeiras e aprendizados. Para quem muitas vezes o trabalho é o mais comum dos destinos, a possibilidade de ser criança e viver essa infância *em movimento* é uma descoberta feliz não só para as próprias crianças, mas para toda a família.

Contar histórias de homens e mulheres comuns, camponeses que fazem da luta pela terra a luta de sua vida, também é tarefa assumida pelo MST. Nas páginas dos seus jornais, revistas, cartilhas e demais publicações, vão surgindo o contar da vida em lugares distantes e escondidos desse Brasil, seja embaixo de barracas de lona ou sobre o chão já conquistado.

Passaremos por histórias como a de Loivaci, criança que morreu de subnutrição e pneumonia causadas pela fome e pelo frio no acampamento da Encruzilhada Natalino; de Marco Tiaraju, primeira criança nascida no acampamento da Fazenda Annoni, no Rio Grande do Sul. Não nos esqueceremos também das crianças do tempo presente, como o pequeno Pedro, nascido no Assentamento Bernardo Marín, no município de Russas, no Ceará.

O MST, um Movimento Social com predomínio de lideranças masculinas, em determinados momentos de sua história, caminha em direção a tornar-se um Movimento Social de todos, inclusive de mulheres, jovens e crianças. Mostrando, na prática, que havia (e há) outros modos de vida em sociedade e, mais do que sociedade, há modos de vida em comum, realizados em comunidades. O MST percebe que, além de condutas adultas, procedimentos adultos e mentalidades adultas, ele também existe como movimento social junto às crianças, desde pequenas.

Tendo claro que os problemas relativos à infância estão relacionados a um modelo social que se baseia na exploração e na desigualdade, é no estudo de experiências sociais que resistem a esse sistema, que encontraremos contribuições para superá-lo.

O Movimento Sem Terra é formado por famílias inteiras: homens, mulheres, jovens, crianças e idosos, famílias de camponeses pobres, por vezes obrigados a migrar para as cidades. A fatalidade da pobreza nas periferias urbanas não é mais a única opção. No Movimento, as crianças podem acalentar o sonho de permanecer no campo, de ser agricultores, mas também de poder ser professores, médicos, veterinários, historiadores, jornalistas, e tudo isso sem deixar de ser Sem Terra. O MST também tem a responsabilidade da educação de crianças, adolescentes e jovens e ousa quebrar o curso dos "destinos inevitáveis" dessas gerações.

Atualmente, muito se fala em direitos e pouco se tem permitido que estes sejam exercidos na infância, porque ainda paira o entendimento hegemônico de que às crianças cabe preparar-se para o futuro. Se a educação para a conquista de direitos não se dá pela própria prática, fazendo sentido no tempo presente dos sujeitos, então é possível afirmar que ela não existe.

Este é mais um ensinamento sobre o qual as crianças desta pesquisa nos fazem refletir: elas estão aprendendo a lutar por seus direitos à medida que esta aprendizagem as ajuda a conquistar seus espaços em casa, na escola e na comunidade. Estão aprendendo a lutar no dia a dia dos acampamentos quando acompanham seus pais nas diversas mobilizações, mas também na escola, quando participam de uma educação contextualizada à realidade em que vivem.

O MST é um movimento que conta e reconta a sua história a cada dia. História contada em verso, prosa e papel. Daí a grande quantidade de fontes produzidas por esses sujeitos e hoje disponíveis à pesquisa. Aqui o *Jornal Sem Terra*, *Jornal Sem Terrinha*,

Revista Sem Terra, Revista Sem Terrinha, cartilhas, cadernos, livros e canções se estabelecem como fontes.

Nosso objeto de estudo é a infância Sem Terra, o papel e a presença das crianças em toda a história do MST, desde a ocupação da Encruzilhada Natalino, que consideramos o marco inicial da construção política do MST até os dias atuais.

Observamos as crianças por meio de fontes diversas produzidas pelo próprio Movimento ao longo da sua história. Pretendemos, com isso, um trabalho de fôlego que conte a história dos Sem Terrinha dentro da história do Movimento Sem Terra.

Para possibilitar a construção desse trabalho, que abarca um período extenso e uma multiplicidade de fontes, também a pesquisa que realizamos foi igualmente extensa e utilizou acervos diversos. Grande parte das fontes que adotamos aqui faz parte do acervo do Plebeu Gabinete de Leitura, uma biblioteca localizada no centro da cidade de Fortaleza que abriga títulos riquíssimos, entre eles, sobre as lutas sociais desde o século XIX, da história do livro e da leitura entre os trabalhadores, entre muitos outros. E foi desse acervo que veio grande parte das histórias que contamos aqui.

Também contamos sempre com a gentileza dos militantes do MST Ceará e da Secretaria Nacional do Movimento, que facilitaram enormemente o acesso às fontes de seu acervo.

Muitas publicações que constam aqui foram editadas pelo Instituto de Educação Josué de Castro (IEJC), ligado ao MST e localizado no Rio Grande do Sul. O Instituto é responsável por muitas publicações que trazem a memória de vários processos educativos desenvolvidos pelo movimento, inclusive sistematiza e publica as experiências das primeiras cirandas infantis realizadas em cursos nacionais sediados no Instituto.

Nos acervos mantidos por Centros Acadêmicos de referência, foi profícua nossa pesquisa no Fundo Documental do MST mantido pelo Centro de Documentação e Memória da Unesp (Cedem), em São Paulo. Registramos aqui a imensa presteza dos funcionários do Cedem em nos receber e facilitar nossa pesquisa. Desse acervo, vieram, principalmente, as fontes referentes à educação de crianças e aos cinco Congressos Nacionais realizados pelo MST até hoje.

É necessário ressaltar que boa parte do acervo do Fundo Documental do MST mantido pelo Cedem está disponível no sítio eletrônico "Armazém Memória",[7] no item "Luta pela Terra". O acervo está disponível nos subitens "Biblioteca", "Hemeroteca", "Documentos" e "Imagens". No subitem "Biblioteca", estão disponíveis os livros, cartilhas e cadernos publicados pelo MST. No tópico "Hemeroteca", o *Boletim Sem Terra*, *Jornal Sem Terra* e *Revista Sem Terra* estão publicados. Em "Documentos", estão as resoluções, comunicados, notas públicas, além dos documentos dos cinco Congressos Nacionais. E, por fim, em "Imagens", os principais cartazes produzidos pelo MST. Todo o acervo do *site* está atualizado com documentos e publicações feitas até o ano de 2012.

O primeiro capítulo desse estudo objetiva contar a história da formação do MST a partir das crianças que, desde seu início, estavam presentes nos acampamentos porque, de fato, existiam junto a suas famílias. Contar essa história é falar também da extrema violência que essas crianças sofreram: nas desocupações, na repressão do Estado, dos grandes latifundiários e da mídia. Mas também é contar dos sorrisos, da mística e da identidade que foi sendo construída pelo MST.

O papel fundamental dos organismos da Igreja Católica ligados à Teologia da Libertação e seu papel de organização inicial dos trabalhadores para a conquista da Reforma Agrária tam-

---

[7] Armazém Memória. Informativo Armazém Memória: um resgate coletivo da memória.

bém são tema do capítulo. Assim como as principais ocupações e posteriores acampamentos que ajudaram a formar o MST e hoje são lugares de memória dessa trajetória, como os acampamentos da Encruzilhada Natalino e da Fazenda Annoni.

No segundo capítulo, nos voltamos ao estudo da infância Sem Terra e das diversas temáticas que passam a ser associadas à figura da criança no MST. Observamos o surgimento da designação política Sem Terrinha, como a infância do MST e como essa construção identitária foi sendo colocada em prática pelo Movimento. E, também, uma reflexão sobre o projeto de educação infantil do MST, com suas especificidades e características próprias. As fontes prioritárias estudadas, neste segundo capítulo, são os impressos. E a principal hipótese é de que a produção de publicações para crianças pelo MST, ou mesmo a leitura pelas crianças de conteúdos gerais, acontece dentro de um projeto de formação e educação, que tem como principal alicerce a leitura e a produção de conteúdos formativos, voltados para o conjunto do MST, em especial para as crianças.

No terceiro capítulo, estudaremos a *infância em movimento*. Tematizando os Encontros e as Jornadas de Luta dos Sem Terrinha no Brasil, sua pauta, reivindicações e sua inserção na esfera pública, refletiremos sobre a criança como sujeito de direitos, com uma identidade social específica, presente na luta social e protagonizando um projeto específico de educação. Aqui também nos debruçamos sobre o *Jornal* e a *Revista Sem Terrinha* e sobre a coleção Fazendo História, esses são os principais impressos produzidos para e com os Sem Terrinha.

Ainda no último capítulo, nos debruçamos sobre a Ciranda Infantil, espaço pensado, proposto e construído pelo Movimento Sem Terra, integrado com sua dinâmica. As fontes nos trazem diversas indicações sobre o sentido e o modo de funcionamento das cirandas infantis permanentes e itinerantes.

O ABRAÇO FRATERNO
E O PUNHO CERRADO

> *Os homens ainda cantam e as crianças respondem, fazendo o coro. As músicas, porém, começam a se transformar. Percebe-se que já está passando da crítica ao latifúndio e das verrumas do governo para gritos de guerra. Os gestos também vão mudando do abraço fraterno para o punho cerrado.*[1]

A luta por Reforma Agrária no Brasil

No Brasil do início dos anos 1980, após quase duas décadas de regime militar, a sociedade civil brasileira intensifica a movimentação política e a contestação social. No decorrer da década, o Movimento pela Anistia e as greves operárias do ABC paulista são faces visíveis do inconformismo e da luta social. Porém, não são as únicas. No tocante aos conflitos agrários, muitos sujeitos põem-se em luta nesse período: os Sem Terra, os Sindicatos de Trabalhadores Rurais,[2] a Comissão dos Atingidos por Barra-

---

[1] Silva, José Gomes da. *apud* Görgen, Frei Sérgio A. *O massacre da Fazenda Santa Elmira*. Petrópolis: Vozes, 1989.
[2] Em Pernambuco, numa articulação entre a Contag, a Fetape e os sindicatos de trabalhadores rurais, cerca de 20 mil trabalhadores pararam suas atividades em outubro de 1979. Mesmo calcada em princípios legais, a greve dos canavieiros carregou consigo o estigma de um movimento subversivo. Afinal, desde o golpe militar que a palavra greve era sinônimo de ilegalidade na região. Ademais, no caso pernambucano, marcado pela dominação senhorial dos homens de engenho, a greve ou a simples expressão de contrariedade em relação às normas costumeiras ditadas pelos patrões representava uma afronta inestimável. A greve de 1979 foi seguida por outra, no mesmo período do ano seguinte, na qual mais de 250 mil trabalhadores paralisaram suas atividades. O sucesso destes dois movi-

gens (Crab),[3] o Movimento das Mulheres Trabalhadoras Rurais (MMTR),[4] os agentes da Comissão Pastoral da Terra (CPT)[5] e da Pastoral da Juventude Rural (PJR), ambas ligadas à Igreja Católica, as quais, organizadas junto às comunidades Eclesiais de Base (CEBs) e as Pastorais Sociais, impulsionadas pela reflexão da Teologia da Libertação, estão em consonância com as lutas sociais do período.

Considerando este cenário da metade dos anos 1980, percebemos o início de uma nova etapa quanto à Questão Agrária no Brasil. Ressurgiram os movimentos sociais camponeses, assim como o debate político e intelectual sobre o tema. No âmbito do Estado e da sociedade, a questão do uso social da terra voltou a ter destaque. Novas propostas são apresentadas periodicamente, mas o avanço ainda é tímido, pois se depara com forte resistência dos grandes latifundiários e seus representantes políticos. Nesse período, pode-se dizer que a necessidade de uma Reforma Agrária é reconhecida por quase todos os setores sociais.

---

mentos permitiu a constituição do que Sigaud (1986) chamou de um ciclo de greves camponesas "que se estendeu por toda a década de 1980". Sigaud, Lygia Maria, *Efeitos sociais de grandes projetos hidrelétricos:* as barragens de Sobradinho e Machadinho. Rio de Janeiro: Museu Nacional, 1986.

[3] Naquele momento, a Comissão era formada principalmente pelas famílias que tiveram suas terras desapropriadas pela construção da hidroelétrica de Itaipu e que daria origem ao Movimento dos Atingidos por Barragens (MAB). Rebouças, Lídia Marcelino. *Da exclusão à participação:* o movimento social dos trabalhadores atingidos por barragens. São Paulo: Edusp, 2002.

[4] A partir de meados dos anos 1980, as mulheres intensificaram sua atuação nos sindicatos rurais, criando a Comissão de Mulheres, o que depois deu origem ao Movimento de Mulheres Trabalhadoras Rurais. Ver mais em: Movimento das Mulheres Trabalhadoras Rurais. *Uma história de mulheres:* uma história da organização do movimento de mulheres trabalhadoras rurais do sertão central de Pernambuco. Serra Talhada: editora, 2004.

[5] A Comissão Pastoral da Terra (CPT) nasceu em junho de 1975, durante o Encontro de Pastoral da Amazônia, convocado pela Conferência Nacional dos Bispos do Brasil (CNBB), e realizado em Goiânia.

Segundo Bernardo Mançano Fernandes, com a chamada redemocratização do país na década de 1980, ocorreu a consolidação do modelo agroexportador e agroindustrial. Paralelamente, a luta se territorializou, provocando um aumento das ocupações de terra. No campo brasileiro, as ocupações se intensificam. Em especial, no Rio Grande do Sul, diversas ocupações ocorrem. Essas ocupações buscavam terra, e alguns grupos lutavam pela Reforma Agrária. Localizamos aqui o nascedouro da história do MST.[6]

É com este olhar de respeito às lutas e aos sujeitos sociais que protagonizam a história que também estamos nos posicionando em relação a esse estudo. Aqui estamos contando a história de famílias pobres: homens, mulheres e, especialmente, crianças camponesas que, no MST, se fizeram presentes na luta social. Continuam a ser camponeses, mesmo quando nas circunstâncias do êxodo são tangidos em direção às grandes cidades; continuam a ser camponeses quando transgridem as leis estabelecidas em busca de uma vida melhor.

No decorrer da história e da década de 1980, no nascedouro do MST, os Sem Terra procuram mostrar que a luta e o protesto social trazem respostas aos anseios dos trabalhadores:

> Já em 1978 companheiros nossos faziam a conquista de um pedaço de terra em Bagé. Eles tinham sido expulsos da reserva indígena Nonoai e acampado na estrada. Em 1979, ocupamos as fazendas Brilhante e Macali, no município de Sarandi. Em 1980, realizamos o acampamento da Encruzilhada Natalino.[7]

Contrastando com diversas imagens de uso corrente no período, quase todas eivadas de preconceito e reverberando o estigma contra os pobres, José Gomes da Silva,[8] em visita aos Sem

---

[6] MST. *O MST é você*. 1989.
[7] *Id.*, 1987.
[8] Fundador da Associação Brasileira de Reforma Agrária (Abra), foi um dos redatores do Estatuto da Terra. Coordenou a equipe que elaborou a Proposta de

Terra do Rio Grande do Sul, em 1988, reconhece no acampamento um lugar onde *os homens ainda cantam e as crianças, respondem em coro*; um lugar em transformação:

> Ao contrário de outros aglomerados de gente, como os que vimos em zonas carentes da Índia, nas favelas de São Paulo ou nas palafitas do Recife, o acampamento é limpo. Não cheira à distância. Há, dentro das tendas, fogões limpos, panelas brilhando. Os homens ainda cantam e as crianças respondem, fazendo o coro. As músicas, porém, começam a se transformar. Percebe-se que já está passando da crítica ao latifúndio e das verrumas do governo para gritos de guerra. Os gestos também vão mudando do abraço fraterno para o punho cerrado.[9]

Assim o intelectual descreve de modo vivo os acampamentos formados nesse período. De sua narrativa salta um comparativo entre os pobres na Índia como nas favelas de São Paulo ou do Recife; destacando desde o zelo com a arrumação do lugar e com os utensílios da vida doméstica até a presença da música já cantada em coro. O coro, como metáfora do coletivo que se organiza, suscita em sua observação acurada o indício dos começos de uma transformação: nos gestos, nas palavras de ordem, no espírito fraternal ensaiando novas coreografias de punho erguido.

Em quase todos os acampamentos, as barracas eram organizadas de maneira a formar como se fossem ruas paralelas que desembocavam em uma parte "central", geralmente onde se erguia um barracão maior para reuniões, assembleias, celebrações religiosas e onde funcionava a escola. Nessa parte central, também ficava uma grande cruz de madeira e a bandeira do MST.

Plano Nacional de Reforma Agrária e foi presidente do Incra. Autor de inúmeras publicações sobre o tema agrário, secretário de Agricultura e Abastecimento do governo Franco Montoro, em São Paulo, e coordenador da área de agricultura e reforma agrária do "governo paralelo" do Partido dos Trabalhadores (PT). Görgen, Frei Sérgio A. *O massacre da Fazenda Santa Elmira*. Petrópolis: Vozes, 1989.

[9] Silva, José Gomes da. *apud* Görgen, Frei Sérgio A. *O massacre da Fazenda Santa Elmira*. Petrópolis: Vozes, 1989.

A sucessão de ocupações realizadas pelos Sem Terra do Rio Grande do Sul, nesse período, possibilitou as primeiras tentativas de articulação dessas ações em torno de uma organização comum. São as famílias que estão mobilizadas e *em movimento* que formam o MST. No decorrer deste primeiro capítulo, destacaremos as ocupações que mais contribuíram para a possibilidade dessa articulação do Movimento. Desde já, ressaltamos a ocupação da *Encruzilhada Natalino* e da *Fazenda Annoni* como duas dessas significativas ocupações, que passariam à história social da luta camponesa no Brasil como marcos ou pontos de inflexão nas novas formas de reivindicação por direitos dos pobres da terra.

Na conjuntura eclesial, a partir dos anos 1960, com o Concílio Vaticano II, a Igreja Católica mudou o eixo de sua atuação na América Latina. Até então, estava voltada à sociedade política, exercendo influência junto ao Estado por meio de partidos democratas cristãos e movimentos sociais como a Ação Católica. A partir do Concílio, desenvolveu estratégias para voltar-se à sociedade civil, passando a ser, ela própria, um agente ativo na organização dessa sociedade, por meio das pastorais sociais e das comunidades eclesiais de base.[10]

Na segunda metade do século XX, a Teologia da Libertação expressará também este componente religioso na sua *crítica romântica* à modernização capitalista latino-americana. Segundo Michael Löwy, entre as principais características da Teologia da Libertação está justamente a articulação desta crítica de cunho ético e religioso com o instrumental marxista de análise social. A sua própria denominação tem inspiração marxista – o

---

[10] Santos, Irineia Maria Franco dos. *Luta e perspectiva da teologia da libertação*: o caso da comunidade São João Batista, Vila Rica, São Paulo: 1980-2000. Dissertação (Mestrado em História Social) – Universidade de São Paulo, São Paulo, 2006.

termo libertação é buscado na *Ideologia Alemã*, bem como o sentido que lhe é conferido. Michael Löwy debate a articulação de duas vertentes românticas:

> [...] está próxima do tipo romântico-revolucionário. Sua crítica ao capitalismo na América Latina articula a tradição 'anticapitalista romântica' do capitalismo – condenação moral e religiosa da economia mercantilista – com a análise marxista da exploração imperialista. Essa dupla natureza – ao mesmo tempo 'progressista' e antimoderna – encontra-se em todos os níveis da reflexão dos teólogos da libertação.[11]

Löwy situa, assim, o ideário da Teologia da Libertação no escopo do socialismo utópico-humanista. É preciso ressaltar que a crítica elaborada pelos teólogos da libertação não se exerce em nome de uma classe (o proletariado), mas em nome de toda a humanidade ou, mais particularmente, da humanidade-sofredora e dirige-se a todos os "homens de boa vontade". Os teóricos da Teologia da Libertação compreendiam o marxismo como a ciência da história em desenvolvimento, uma ciência inesgotável, que se alimenta da própria realidade. E, se o marxismo é a ciência da história, a história é a atividade dos seres humanos que se organizam para alcançar seus objetivos.[12]

No nordeste do Brasil, desde o início da década de 1970, a CNBB estimulava a sindicalização rural. Naquele contexto, a ação da Igreja Católica tinha como objetivo combater o ideário comunista representado pelas Ligas Camponesas que intensificavam sua ação na Paraíba e, principalmente, na zona da mata de Pernambuco. Como resposta ao movimento iniciado pelos setores mais conservadores da Igreja, a esquerda cristã, representada pela Ação Popular, e o próprio Partido Comunista teriam iniciado também a formação de Sindicatos de

---

[11] Löwy, M. *Marxismo e teologia da libertação*. São Paulo: Cortez, 1991.
[12] *Ibid.*

Trabalhadores Rurais em áreas onde ainda não havia chegado o Serviço de Orientação Rural de Pernambuco (Sorpe), criado pela ala mais conservadora da Igreja para orientar a formação dos sindicatos e sindicalistas rurais.[13]

A década de 1980 é esse período de intensa "organização do povo", com a mobilização e trabalho de base no sentido de "conscientizar o povo". Essa metodologia, impulsionada pelos setores progressistas da Igreja Católica, inspirados pela Teologia da Libertação, é marcante também na articulação das lutas pela terra. As reuniões preparatórias para as ocupações e mobilizações públicas são organizadas com antecedência em encontros de base e encontros intermediários:

> a organização vem sendo feita através de encontros preparatórios, já realizados nas regionais [da CNBB] do Sul, Norte e Nordeste. Os trabalhadores rurais dos estados do Piauí, Maranhão, Goiás e Rio de Janeiro realizaram encontros estaduais e também estão preparados.[14]

Aqui destacamos o papel exercido pela CPT em torno da luta pela Terra e pela Reforma Agrária. Desde os anos 1980, a CPT incorpora ao calendário da luta social datas e momentos relevantes, como a realização da *Romaria da Terra* em vários estados e a celebração do dia do agricultor, no 25 de julho. Neste momento, a Pastoral da Terra fundamenta sua atuação na opção preferencial pelos pobres, e incidindo concretamente em dois grandes eixos: denúncias de trabalho escravo e condições de trabalho degradantes; e o acompanhamento das lutas pela terra. A atuação da CPT e do Centro Indigenista Mis-

---

[13] Perli, Fernando. *Sem Terra:* de boletim a tabloide, um estudo do Jornal dos Trabalhadores Rurais Sem Terra entre a solidariedade e a representação (1983-1987). Tese (Doutorado em História) – Universidade Estadual Paulista, Assis, 2002.

[14] *Boletim Sem Terra*, n. 5, 1982.

sionário (Cimi), na ação pastoral junto aos povos do campo, dá-se em consonância com a Conferência Nacional dos Bispos do Brasil (CNBB). A 18ª Assembleia da CNBB, em 1980, no documento "Igreja e problemas da Terra", afirma:

> Nossa ação pastoral, cuidando de não substituir as iniciativas do povo, estimulará a participação consciente e crítica dos trabalhadores nos sindicatos, associações, comissões e outras formas de cooperação para que sejam realmente organismos autônomos e livres, defendendo os interesses e coordenando as reivindicações de seus membros e de toda a sua classe.[15]

Há uma grande influência da Igreja, na matriz da Teologia da Libertação, no cotidiano da luta pela terra nesse período. Por exemplo, no acampamento na Encruzilhada Natalino, várias religiosas ficaram acampadas junto às famílias, contribuindo, principalmente, nas primeiras experiências de educação. Por lá, também passavam constantemente padres e bispos que se identificavam com a luta e as causas defendidas pelos trabalhadores expressando seu compromisso ético-moral com os pobres, professado por meio dos postulados da leitura radical da Bíblia, expressa em Cartas Pastorais e na ação das Pastorais Sociais, CEBs e Organismos. Quantos daqueles trabalhadores do acampamento da Encruzilhada Natalino e dos muitos seguintes teriam participado como animadores dos grupos das CEBs? Teriam ocorrido ali seus primeiros contatos com o vocabulário da luta social na preparação da liturgia da palavra de Deus aos pobres, na organização dos encontros movidos pelo espírito de fraternidade e no reconhecimento da força da união como princípio organizativo nas lutas contra as injustiças sociais. Foi ali também que, possivelmente, começaria a aflorar seu inconformismo com a miséria e as desigualdades. Foi ali

---

[15] Transcrição feita do *Jornal Sem Terra*, maio de 2002.

que as leituras das folhinhas de evangelização e os cânticos de libertação fariam brotar uma reflexão que impulsiona e move: deus não deixou escritura de terra.

Em 1990, o clero progressista do Rio Grande do Sul, diante do cenário de extrema miséria no campo, tornou público um documento no qual explicitava seu posicionamento frente ao Governo do Estado quanto à questão agrária e afirmava como posição política que "o lugar dos agricultores é na terra e não na periferia das cidades". No documento, exigiam-se medidas emergenciais, como a doação de alimentos e agasalhos, uma definitiva solução para as famílias acampadas em áreas de conflito e um reestudo das áreas devolutas do Rio Grande do Sul.

O posicionamento das lideranças da Igreja, no Rio Grande do Sul, sobre os conflitos de terra

Vila Betânia
Porto Alegre, 6 de junho de 1990.
Exmo. Sr. Dr. SynvalGuazzeli

MD Governador do estado do Rio Grande do Sul

Tendo em vista a situação de extrema miséria, tensão e calamidade em que estão os colonos Sem Terra acampados na Fazenda Capela e na Fazenda Boa Vista, do Incra, em Cruz Alta, vimos, por meio desta, insistentemente solicitar:
Uma imediata e definitiva solução para o reassentamento dos colonos de Capela, oriundos do Rincão do Ivaí, salto do Jacuí, aos quais foi prometida uma solução definitiva por parte do Governo do estado. A situação chegou a um extremo tal que pode surgir, a qualquer momento, um confronto sangrento, indesejável para todos.
Uma ajuda imediata em alimentos, agasalhos e medicamentos para os colonos acampados na Fazenda Boa Vista, do Incra, em Cruz Alta, que estão em situação de extrema miséria. Entendemos que nenhum governante pode considerar-se isento face à atual situação de calamidade, lembrando-se que essa ajuda governamental foi prometida aos colonos e é de premente necessidade.

> Uma urgente negociação com o Governo Federal para a solução definitiva e rápida para ambos os acampamentos, com a concessão de terra, como lhes foi prometido reiteradamente.
> Um urgente reestudo da política de Reforma Agrária do Rio Grande do Sul, pois entendemos que o lugar de gaúcho é no Rio Grande do Sul, e o lugar dos agricultores é na terra, e não nas periferias das cidades.
>
> Atenciosas saudações.
> Bispos, Provinciais, Coordenadores Diocesanos de Pastoral, Coordenadores Regionais de Setor e Serviço da Igreja no Rio Grande do Sul.[16]

Fortalecendo as Pastorais Sociais e as Comunidades Eclesiais de Base, setores expressivos da Igreja se posicionam publicamente, afrontando e exigindo do Estado uma solução. Contudo, a tensão gerada pelos conflitos de terra no Rio Grande do Sul os levou a isso. No documento, a Igreja afirma que o lugar dos camponeses gaúchos é ocupando e produzindo nas terras gaúchas, e não engrossando o filão de miseráveis da capital Porto Alegre.

O documento também demonstra o acompanhamento próximo que a Igreja, por meio das CEBs e pastorais sociais, realizava junto às áreas em conflito, em várias partes do estado. Esse acompanhamento possibilitava a publicização da situação de calamidade em que viviam milhares de famílias, em função do descaso do governo frente à situação dos acampamentos.

Nos acampamentos, era muito comum a reflexão de textos bíblicos como metáforas da vida vivida, em momentos públicos com as famílias acampadas. Um dos textos bíblicos mais lidos pelos acampados era o livro do *Êxodo*, no qual os religiosos e o povo, em sua nova leitura bíblica, narravam a luta pela terra com a saída do povo hebreu da escravidão do Egito, pela imagem da "Caminhada em busca da Terra prometida".[17] En-

---

[16] Transcrito do *Jornal Sem Terra*, julho de 1990.
[17] Bíblia. Português. Bíblia sagrada. Tradução de Padre Antônio Pereira de Figueredo. Rio de Janeiro: Encyclopaedia Britannica, 1980. Edição Ecumênica.

tre as muitas reflexões sobre esse texto, se destaca a construção de uma identidade positiva dos Sem Terra. Além de oprimidos e injustiçados, são "povo escolhido", fato que reforça a unidade do grupo, trazendo conteúdos de esperança e redenção.

Apoiados em sua fé e fortalecidos em sua esperança, os camponeses tornam-se militantes da causa da Reforma Agrária; passam a reinterpretar os conteúdos de uma religião que aprenderam e praticaram. Essa religião passa a ter caráter libertador e expressar a resistência e a luta do povo Sem Terra. Muitos dos camponeses que realizarão as inúmeras ocupações do período tiveram suas primeiras experiências de vida comunitária nestes espaços da Igreja aqui abordados.

A greve dos Sem Terra é a ocupação

Março de 1981. Município de Ronda Alta, Rio Grande do Sul. Cerca de 500 famílias, 3 mil trabalhadores, homens, mulheres e crianças acampadas às margens de uma rodovia estadual, a RS-324, no trecho entre as cidades de Passo Fundo e Ronda Alta. Um acampamento como alguns outros espalhados pelo país. Os acampados estavam ali porque haviam esgotado todas as possibilidades, mesmo as de serem posseiros, meeiros, agregados. Eram, sim, famílias de camponeses pobres. O acampamento da Encruzilhada Natalino agregaria famílias de camponeses de diferentes trajetórias sociais, até chegarem ali.

A Encruzilhada Natalino foi uma das maiores ocupações de terra nesse momento. Famílias inteiras ali acampadas perceberam que a pobreza não precisava ser uma condenação, e que juntas formariam um dos maiores acampamentos já realizados no Brasil até os dias de hoje. O período ainda era de ditadura, e as famílias da Natalino sofreram repressão do regime autoritário e permaneceram por longos meses acampadas.

Esses camponeses que haviam ocupado um grande latifúndio improdutivo vinham das granjas e das fazendas onde trabalhavam como empregados ou ainda trabalhavam nas terras de seus pais. Empregados nas fazendas faziam de tudo: cuidavam do gado, preparavam a terra para o plantio, plantavam, limpavam e colhiam, e, no final da colheita, a menor parte ficava para eles e a maior para o patrão. Eram também pequenos agricultores empobrecidos, colonos retornados dos frustrados projetos de colonização do Centro Norte do país e colonos afogados pela construção de barragens. Por isso, a difícil escolha de ocupar.

E difícil é a escolha, porque ocupação não é uma festa. São dias e muitas horas longas de tensão, angústia, dor e sofrimento. Quando se olha de fora, parece muito simples para os agricultores Sem Terra tomarem a decisão de realizar uma ocupação. Mas não é. É sempre uma decisão difícil e dolorosa. É daquelas que se retarda, se adia, se espera para ver se não surge algum motivo que evite a tomada de decisão. Ocupar significa correr riscos. São noites de tensão. Antes, durante e depois. Noites de pouco dormir, de incertezas, de rádio ligado esperando por alguma palavra séria do governo, por alguma decisão favorável da justiça, por alguma notícia de que não haverá violência.[18]

"A greve dos Sem Terra é a ocupação". Com essa analogia, os acampados defendem a ocupação e reivindicam-na como instrumento legítimo de luta: se o trabalhador da cidade paralisa o trabalho para reivindicar direitos e melhores condições, porque os trabalhadores do campo não podem ocupar e reivindicar a terra, seu próprio instrumento de trabalho? Essa era uma pergunta comum naquele período durante as reuniões que antecediam e

---

[18] Depoimento de Jorge, acampado do acampamento de Rincão do Ivaí, RS. *apud* Görgen, Frei Sérgio A. *O massacre da Fazenda Santa Elmira*. Petrópolis: Vozes, 1989, p. 65.

preparavam as ocupações. Os trabalhadores da cidade fazem greve por melhores salários; no campo, os trabalhadores precisam de terra para plantar; então seu instrumento é a ocupação, sua greve.

> São dias e noites voltados para um único objetivo: que resolvam nossa situação; queremos terra para plantar. Mas, quando decidimos acampar, nós consideramos a ocupação como uma greve. A mesma coisa que os operários. Todos têm o direito de fazer greve, nós também. A greve dos Sem Terra é a ocupação. Queremos terra que é um direito de todos.[19]

A primeira característica da ocupação é a dimensão coletiva, pois o ato de ocupar envolve preparação com uma ampla discussão em torno das dificuldades e dos encaminhamentos necessários à mobilização, entrada e permanência na terra. Em qualquer desses momentos, os riscos do movimento de ocupar e ter que encarar uma eventual repressão, com que sempre se há de contar, exigem uma forte consciência solidária, e só podem ser enfrentadas pela ação coletiva e organizada.

> a organização do acampamento implica transformações profundas na estruturação da vida familiar. Na situação excepcional do acampamento, a família deixa de ser o espaço principal de decisão dos destinos de seus membros; impõe-se a contingência das decisões coletivas, tomadas em fóruns mais amplos, como as assembleias gerais e, principalmente, os grupos de família e as equipes de trabalho. Decisões relativa à obtenção de alimentação, à localização do barracos, às instalações sanitárias, às normas de segurança e comportamento moral e político, da saúde e da educação, por exemplo, transferem-se da esfera doméstica para a esfera pública e, em consequência, aquilo que antes era 'assunto de casa' torna-se tema a ser tratado em reunião e o sistema de regras que existia no interior de cada família passa a ser objeto de avaliações e questionamentos, surgindo, assim, a necessidade de negociar o 'jeito de fazer as coisas'.[20]

---

[19] Id.
[20] Schmitt, Claudia J. *O tempo do acampamento*: a construção da identidade social e política do "colono sem-terra". 1992. Dissertação (Mestrado em Sociologia) – Universidade Federal do Rio Grande do Sul, Porto Alegre, 1992.

A luta da Encruzilhada Natalino, nesse momento, é pela terra que é meio e instrumento de trabalho, pela liberdade longe dos domínios do patrão e pela Reforma Agrária. A luta é pela terra e por seu uso comum por todos, pois esta não é fruto do trabalho dos homens e sim um bem da natureza. A questão da Reforma Agrária é pauta de muitas entidades de todo o país e também na expressão de apoio e solidariedade, como em uma carta enviada pelos trabalhadores da Bahia que se reconhecem naquela luta. Para eles, o grande prazer em responder à carta é a confirmação de que o retrato do Brasil dos pobres é muito parecido de Norte a Sul:

> É com grande prazer que respostamos a sua carta datada do dia 29 de abril de 1981, pela qual nos empenhou um relato em que estão sendo vítimas da falta de reforma agrária ampla e imediata para os trabalhadores rurais acampados na RS-324, que liga Passo Fundo a Nonoai. Isto é um retrato do Brasil de hoje, porque aqui em Santa Maria, Coribe e regiões vizinhas continua aumentando o número de trabalhadores rurais Sem Terra, enquanto é a mesma situação daí. Muitas terras encontradas nas mãos dos grandes.[21]

Como comenta a carta, os conflitos e a luta pela terra são situações comuns em todo o Brasil. Por uma série de fatores ligados à organização dos camponeses e ao apoio recebido, no sul do Brasil, acontece um verdadeiro levante de ocupações e acampamentos nesse período, entre o final da década de 1970 e os anos 1980. Lá, a luta social encontra terra fértil para acontecer.

Nesse contexto, uma das estratégias mais comuns, em busca de apoio e mesmo em busca de alianças, é o envio de cartas a pessoas e entidades. No trecho citado, percebemos que a carta já estava sendo respondida em abril. Considerando que a ocupação aconteceu em março, fica evidente a agilidade das famílias em localizar essas pessoas e entidades e lhes endereçar uma correspondência específica, expondo a realidade ali vivida.

---

[21] *Boletim Sem Terra*, n. 1.

Na ocupação da Encruzilhada Natalino, o tempo ia passando, até que, chegado o mês de maio, após sessenta dias de acampamento, ganha forma um dos principais instrumentos de mobilização social daquelas famílias: ali brota, do chão frio da Natalino, o *Boletim Sem Terra*. *Boletim informativo da campanha de solidariedade aos agricultores Sem Terra*, assim está em sua primeira edição, de maio de 1981. Uma edição mimeografada, com 12 páginas.

> Seu desenho, pauta, manchetes, imagens, matérias eram decididas, já nos primeiros exemplares, por agricultores acampados na Encruzilhada Natalino R.S., local onde ocorreu o primeiro grande acampamento nacional. O jornal conta a história do Movimento e as estratégias discursivas falam das e para as pessoas que estão participando do mesmo; muitos se percebem nas páginas do jornal, em entrevistas, reportagens e fotografias.[22]

O *Boletim* deveria ser um instrumento de divulgação da luta daquelas famílias. A cada número, uma comissão era formada para planejar sua pauta e encaminhar quem escreveria, quem faria os desenhos. Em seguida, o conteúdo era aprovado em Assembleia no acampamento e só depois publicado. Nesse período, a missão do *Boletim* era fazer ecoar fora daquele espaço a voz e a luta dos acampados.

O *Boletim Sem Terra* surge antes mesmo da criação do Movimento Sem Terra e é criado para que a luta daquelas famílias pudesse ser contada por elas mesmas, sem mediadores e intermediários. Significa também uma reflexão acerca do "latifúndio da comunicação", querendo ecoar principalmente para o Brasil urbano que os pobres da terra, invisíveis nas páginas da mídia corporativa, precisavam escrever sua história em sua imprensa. Era a semente germinando. Dali em diante, de dois em dois meses,

---

[22] Weschenfelder, Noeli Valentina. "A pedagogia cultural do MST com relação à infância". *In:* XXIII Reunião Anual da Anped, 23, 2000, Caxambu. *Anais...* Caxambu, 2000. p. 2.

um número novo era elaborado e distribuído no próprio acampamento, principalmente entre os apoiadores. Naquela altura, a publicação já era enviada para muitas partes do Brasil, atingindo o objetivo de despertar a solidariedade para com os acampados.

A primeira capa do impresso trouxe a *Carta dos colonos acampados em Ronda Alta*. Seu conteúdo apresenta aquele ato à sociedade, reivindica, protesta, mas, principalmente, faz apelo à solidariedade. O texto convida ao apoio: "Solicitamos seu apoio do jeito que der para esta nossa luta. Ficamos muito contentes e agradecidos com esse seu apoio, pois queremos ficar aqui acampados até conseguirmos nossa terra para trabalhar".[23]

O direito à terra aparece como finalidade da ocupação e justifica o pedido de apoio e solidariedade naquelas páginas. Outra característica é a determinação e a persistência manifestada pelas famílias acampadas em permanecer na luta. Era ali que desejavam criar os filhos, plantar sua lavoura, criar animais, fazer suas festas, seguir o modo de vida camponês. Esse era o argumento de persuasão para a sociedade: "Queremos terra para trabalhar e viver com dignidade".

O acampamento da Encruzilhada Natalino ia ganhando também a sociedade pelo coração. As visitas ao acampamento eram estimuladas pelas entidades de apoio, e quem ia lá se solidarizava com a vida difícil, com a fome de famílias inteiras. Muitos visitantes voltavam dizendo o quanto aquelas famílias mereciam um pedaço de terra onde pudessem viver dignamente.

A carta aprovada em Assembleia, no dia 15 de maio de 1981, foi preparada para estampar a primeira capa do *Boletim*. É pensada e preparada para compor um retrato da luta social que acontecia às margens daquela rodovia, protagonizada por camponeses pobres e Sem Terra do sul do Brasil.

---

[23] *Boletim Sem Terra*, maio de 1982.

A forma da Carta Aberta, como acontece na primeira edição, é repetida outras vezes, principalmente nas situações de maior tensão no acampamento. Reunidas em assembleia, as famílias decidiam expressar-se dessa maneira, compondo uma carta coletiva, com palavras simples e sem assinaturas pessoais, dirigida aos leitores. Ao modo coletivo, a carta aberta expõe as agruras da vida dos pobres e conclui de modo incisivo: *Desse jeito já não conseguimos mais viver*. Ao modo de quem enxerga no ato organizativo a busca por direitos, a carta atualiza e repercute as palavras da luta: "O preço da paz é terra e justiça para todos".

A constituição de uma imprensa dos trabalhadores colabora para a construção da representação dos Movimentos Sociais no imaginário social. Ainda na primeira edição do *Boletim Sem Terra*, os acampados da Natalino contam quem são, de onde vêm, o que fazem e como ali chegaram:

> Eram arrendatários, parceiros, meeiros, agregados, peões de granja e filhos de pequenos agricultores; perderam a possibilidade de continuar na terra, expulsos pela máquina, pela ganância dos grandes proprietários, pela falta de trabalho, enfim, pela política agrícola do governo. O acampamento se estende por mais de um quilômetro de estrada, amontoando eles em barracas de lona, de capim, de pedaços de madeira e sacos de cimento ou adubo, penduradas nos barrancos.[24]

Os trabalhadores ali fazem o exercício de nomearem-se arrendatários, parceiros, meeiros, agregados, peões de granja. E, quando se nomeiam, se reconhecem na diferença, mas, principalmente, no encontro. Na semelhança da falta de terra para plantar, na injustiça sofrida pela ganância dos latifundiários, é essa história que vai sendo construída no dia a dia do acampamento e é narrada nas páginas do *Boletim*, um vivo documento da história da imprensa social no Brasil dos trabalhadores.

---

[24] *Boletim Sem Terra*, n. 1.

Mesmo com poucas imagens, mas com uma fartura de textos, vai sendo transmitida, semana a semana, a situação do acampamento. Notícias sobre a localização e a dimensão do espaço ocupado pelas barracas, o modo das celebrações e festas realizadas no acampamento, a chegada de novas famílias e também a desistência de algumas, pois às vezes a luta cansa e o desânimo chega.

Em face a tantas dificuldades e expostos ao frio e à comida pouca, a palavra impressa é também o desejo de "manter aceso o fogo que clareia as reivindicações dos trabalhadores rurais e expressar as manifestações de apoio e solidariedade que têm recebido".[25] Mais uma das evidências de um vocabulário que alimenta o horizonte da luta de classes, como expresso na criação do *Boletim*. As formas de apoio vêm de vários lugares e de modo variado. O Movimento de Justiça e Direitos e a CPT colaboram com a impressão do material, realizando em ato os princípios pastorais consignados em seus documentos do período estudado.

Era indispensável o apoio da sociedade. E não estamos falando apenas de apoio material, mas principalmente de apoio político. Era preciso convencer a sociedade de que a luta por terra era justa e urgente. O *Boletim Sem Terra* foi o instrumento criado pelas famílias para a ampliação da luta tendo também como mote a difusão das notícias no cotidiano do acampamento.

O argumento não é o da súplica, mas o do apelo, da solidariedade "do jeito que der" e na forma de visitas ao acampamento, atendimento médico voluntário, escolarização das crianças, transporte para os momentos das mobilizações fora da ocupação, divulgação da luta, entre muitas outras.

No *Boletim Sem Terra*, a solidariedade é expressão. O próprio impresso é criado como "veículo de solidariedade aos acampa-

---
[25] *Ibid.*

dos da Encruzilhada Natalino" e nele, por diversas vezes, os Sem Terra dizem a todos: "a solidariedade pode ser de qualquer jeito".

> Estamos apresentando o primeiro número deste Boletim Informativo que, dentro de suas atribuições, uma é a de manter constantemente informados todos os colaboradores desta campanha de solidariedade, através de suas entidades representativas – sindicatos e federações de trabalhadores rurais e urbanos, comunidades de base e demais entidades a nível nacional – bem como a opinião pública em geral através dos meios de comunicação – jornal, rádio e televisão. Outra, é a de ampliar ainda mais esta campanha, levando-a a todas as regiões do estado e do país.[26]

A divulgação de informações periódicas sobre o andamento da luta pelos próprios acampados é estratégia para manutenção e possíveis conquistas daquele grupo. Pelo *Boletim* passam as campanhas de solidariedade que visam estabelecer os vínculos orgânicos de classe, e, de alguma maneira, essas mesmas informações reverberam junto à opinião pública, o que contribui para que as campanhas de solidariedade ganhem as ruas e vão forjando redes de solidariedade na prática da luta social.

A formação de uma opinião pública favorável à causa dos acampados da Natalino é uma das preocupações das famílias. Essa também é uma das principais funções que o *Boletim* passa a exercer. Além de ser entregue às entidades de apoio, era distribuído também às grandes empresas de comunicação de massa que, em geral, historicamente, confinam os pobres e suas lutas às páginas policiais e cuidam de criminalizar as lutas sociais, atualizando o verbo das oligarquias: a questão social é uma questão de polícia.

Por intermédio da divulgação nos meios de comunicação de massa e alternativos, a luta da Natalino chega a muitos lugares do Brasil e mobiliza apoiadores, organizados nas mais diversas regiões, para a arrecadação de alimentos, roupas, livros, material

---

[26] *Boletim Sem Terra*, n. 1.

escolar e remédios, diariamente enviados ao acampamento, ainda que em pequenas quantidades.

É interessante observar que o acampamento se torna centro de uma campanha de solidariedade, interligando diversas pessoas e entidades colaboradoras. O discurso é construído com a responsabilidade compartilhada daquele espaço por todos que colaboram. Ali não estão famílias isoladas, há toda uma rede de apoio atenta e disposta a ajudá-las.

> O desenvolvimento de valores como a solidariedade se torna tão fundamental que supera a luta pela sobrevivência. Sobreviver significa salvar-se, de continuar escravo do modelo e do sistema capitalista. Valores, como a solidariedade, buscam transformar o ser humano em verdadeiro agente da própria existência, adquirindo uma nova identidade política e social.[27]

Por isso, desde seu início, o exercício da solidariedade mostra a reflexão e a prática do Movimento Sem Terra. De fato, o Movimento nasce da solidariedade, é seu fruto. Sem a solidariedade entre as famílias, as entidades, os moradores dos arredores, os trabalhadores urbanos, a Igreja, o acampamento da Encruzilhada Natalino não teria resistido a tantas investidas criminosas da repressão policial do Estado.

E, no decorrer daquela luta, a solidariedade era vivenciada no dia a dia: na cozinha coletiva, nos barracos compartilhados, na escola a céu aberto, na organização da segurança, da saúde, nas celebrações do acampamento. Existia ali um espaço para a vivência em coletivo que ia transformando devagarzinho quem estava ali na luta pela terra.

E, como retrato nas páginas daquele impresso, contava-se uma história de solidariedade. As pessoas ali no acampamento não

---

[27] MST. *O MST:* a luta pela Reforma Agrária e por mudanças sociais no Brasil: documentos básicos. São Paulo: 2005.

estão sozinhas; com elas, temos sindicatos, movimentos, igrejas, profissionais, entre tantos outros comumente citados no *Boletim*.

Passados oito meses, permanecem acampadas na rodovia RS 324, no Rio Grande do Sul, 318 famílias, das 500 iniciais como encontramos no documento "A política agrária do governo e os conflitos de terra no Brasil".[28]

> A proposta estatal para a solução do conflito continuava sendo a reiterada política de colonização das regiões de fronteira agrícola: Roraima, Acre, Mato Grosso e Bahia. Em contrapartida à insistência dos colonos, de serem assentados no estado, o governo respondia com o recrudescimento da violência. Cansados do embate e das precárias condições de vida à beira da estrada, 137 famílias acampadas aceitaram a proposta de integração ao 'Projeto de Colonização Lucas do rio Verde', no Mato Grosso. A maioria, entretanto, permaneceria no acampamento.[29]

Marcado pela produção de significações e símbolos de matriz místico-religiosa (como a cruz, os lenços brancos, as celebrações e as procissões) e pela presença cotidiana de agentes pastorais que contribuíam na organização, o acampamento, que chegou a abrigar cerca de 600 famílias, ocupando quase 2 km de extensão às margens da estrada, sofreria uma forte repressão por parte do governo federal, refletindo a militarização da questão agrária no Brasil. Declarado "área de segurança nacional", o acampamento sofreu a intervenção do Exército, apoiada pela Brigada Militar e pela Polícia Federal, sob o comando do coronel Sebastião de Moura Rodrigues, o Coronel Curió, conhecido por sua participação na repressão às manifestações no norte e no nordeste do país, que estabeleceu formas de controle de entrada e de saída do acampamento e mecanismos de constrangimento psicológi-

---

[28] Contag. A política agrária do governo e os conflitos de terra no Brasil. Brasília, 1981.
[29] Caume. David José. *O MST e os assentamentos de reforma agrária, a construção de espaços sociais modelares*. Passo Fundo: Editora Universitária de Passo Fundo/ Goiânia: Editora da Universidade Federal de Goiás, 2006.

co que visavam à desistência da luta por parte dos trabalhadores. O acampamento da Encruzilhada Natalino transformou-se em símbolo de resistência ao regime ditatorial, principalmente após a violenta intervenção militar em agosto de 1981.[30]

Ainda que não seja o objetivo central deste trabalho, é preciso ressaltar a existência de lacunas historiográficas quanto às narrativas que tratam do combate à ditadura civil-militar no Brasil. Quase sempre o acento no esgotamento da ditadura é feito em relação à força organizada do movimento sindical e dos trabalhadores urbanos, tornando outra vez invisíveis os conteúdos da luta social camponesa. O que se quer afirmar neste ponto de nosso trabalho é, por exemplo, a necessidade de chamar a atenção, no Brasil contemporâneo, para a reparação das graves ocultações da história e memória dos camponeses em luta no Brasil ao tempo da ditadura militar-empresarial (1964-1985). Uma história de repressão, prisões, tortura e assassinatos.

Também nesse período, em várias partes do país, formam-se acampamentos, ocupações de terra, lutas de atingidos por barragens, de posseiros, de brasiguaios. Trabalhadores que lutavam por terra, trabalho e vida digna para suas famílias.

Como movimento social com estrutura orgânica, o MST é constituído em 1982, articulando diversas lutas existentes, unificando, inicialmente, experiências de luta em curso em 12 estados, ampliando sua atuação ao longo dos anos seguintes. Essa articulação condensa diversas experiências de lutas em andamento, com seus aliados mais constantes: a CPT, setores do sindicalismo rural, a Associação Brasileira pela Reforma Agrária (Abra) e Movimentos de Direitos Humanos.[31]

---

[30] *Ibid.*
[31] Fundada em 1967, a Associação Brasileira de Reforma Agrária (Abra) foi criada com o objetivo de contribuir com o debate e a promoção da reforma agrária no País. Um rico acervo documental foi constituído desde a criação da Abra

Em 1984, havia 409 milhões de hectares caracterizados como latifúndios. E existiam cerca de 12 milhões de camponeses Sem Terra, 2 milhões de proprietários de minifúndios de 2 a 5 hectares e cerca de 5 milhões de camponeses que já haviam emigrado para as cidades. Outro comparativo da concentração latifundiária no Brasil demonstra que apenas 162 latifundiários com área superior a 100 mil hectares ocupam uma extensão de mais de 36 milhões de hectares.

A partir da análise da conjuntura daquele período, podemos afirmar que o MST tem como nascedouro a ocupação e o acampamento da Encruzilhada Natalino. Os principais militantes que construiriam o MST, nos anos seguintes, participaram daquela ocupação como acampados, religiosos, sindicalistas. De alguma maneira, se fizeram presentes ali. Fernandes afirma que "a vitória dos acampados da Encruzilhada demarcou a história das lutas camponesas "[...] uma prova concreta de que a resistência e persistência eram as armas que o modelo econômico e a política dos militares não puderam vencer".[32]

Nos acampamentos, um horizonte de esperança

Nos fecharam as vias legais,
Só nos restam os acampamentos.
Resistir à polícia e às armas,
Pra suprir o país de alimentos.[33]

---

e é composto por documentos administrativos, recortes de jornais e revistas, artigos, manuscritos, dossiês sobre temas da agenda de cada época, informações sobre outras organizações nacionais e internacionais com atuação nos temas da luta pela terra, além de boletins e cartazes.

[32] Fernandes, Bernardo Mançano. *A formação do MST no Brasil*. Petrópolis: Vozes, 2000, p. 59.
[33] Görgen, Frei Sérgio. (Org.). *Uma foice longe da terra*: a repressão aos sem-terra nas ruas de Porto Alegre. Petrópolis: Vozes, 1991.

O acampamento da Fazenda Annoni também tem a motivação nas famílias camponesas cansadas da exploração dos patrões, cansadas de trabalhar em terra alheia. Com essa demanda, o MST realiza reuniões e assembleias em comunidades e trabalho de base por vários meses até chegar o dia da ocupação. Na noite do dia 29 de outubro de 1985, cerca de 2 mil famílias, contando 6.500 pessoas, vindas de 33 municípios do Rio Grande do Sul preparam-se para ocupar 9.200 hectares de terras improdutivas da fazenda Annoni, entre os municípios gaúchos de Ronda Alta e Sarandi. Na chegada da fazenda Annoni, algumas famílias ficaram presas na barreira da polícia, mas cerca de 1.500 conseguiram entrar. A área era muito próxima à Encruzilhada Natalino, dedicada, em grande parte, à criação extensiva de gado e sob litígio judicial desde 1972, quando foi desapropriada para fins de reforma agrária, visando ao assentamento de agricultores desalojados em virtude da construção da barragem hidroelétrica do Passo Real, na região de Cruz Alta.[34]

Após a ocupação, no período de organização do acampamento, as maiores dificuldades eram a falta de alimentos, de leite para as crianças, de vestuário, de produtos higiênicos, de água, a saúde precária e, principalmente, o desinteresse do governo pela situação. Porém, o acampamento recebia apoio das comunidades vizinhas e de organizações sociais de todo o estado, o que ajudou os acampados a organizarem a vida no acampamento.

A trajetória da luta pela terra no país e a agudização do "campo de conflitos agrários" tem, na ocupação da fazenda Annoni, um momento determinante. Essa compreensão vem de aspectos relevantes: em primeiro lugar, a ocupação de um latifúndio de 9 mil hectares, reconhecidamente improdutivo e de propriedade em litígio judicial, revela o discernimento de escolha da área e

---
[34] *Ibid.*

capacidade política e operacional para mobilizar 6.500 pessoas de mais de 30 municípios diferentes, ocupando quase que simultaneamente a fazenda, sem serem impedidos pela Brigada Militar. A ocupação fortalece o processo de organização e politização desencadeado pelos Sem Terra na região.[35]

Uma das características no acampamento da Annoni é a presença de muitos jovens construindo a ocupação e o acampamento. Essa juventude vê a luta pela terra como uma alternativa de sobrevivência no campo, em contraposição à migração para as grandes cidades e afirmando o desejo de constituição de uma vida e uma família no campo.

Esse contexto estabelece uma das primeiras disputas do MST com o Instituto Nacional de Colonização e Reforma Agrária (Incra) no período. Em correspondência ao Incra com as deliberações da Assembleia, os acampados da Fazenda Annoni reivindicam:

> Que todos os jovens recebam a mesma quantia de terra de cada família, pois constatamos que todos os jovens que lá se encontram estão lá porque pretendem constituir famílias e trabalhar na terra. E só vieram para ocupação porque nas famílias de origem não tinham onde trabalhar e nem como se sustentar.[36]

O horizonte da constituição de uma família pelos jovens é o que legitima sua presença e seus direitos nos assentamentos. A terra não é propriedade para um indivíduo; nas ações do MST, ela se destina à família, unidade organizativa.

É também na ocupação da Annoni que se desenha a forma organizativa que o MST adotaria. Os acampamentos constituem espaços decisivos na luta pela terra e de suas representações, e internamente o Movimento opta pela organização em

---

[35] Fernandes, *op. cit.*
[36] *Jornal Sem Terra*, jun. 1985.

Núcleos de Base (NB) constituídos pelos grupos de famílias no acampamento. Nesse momento, outra decisão organizativa foi a da divisão de tarefas por equipes: saúde, barracos, alimentação, segurança, higiene, educação.[37]

A ocupação da Fazenda Annoni também pode ser interpretada como parte da resposta dos Sem Terra ao recuo do Plano Nacional de Reforma Agrária (PNRA) no governo Sarney. Além de ser uma das ocupações no nascente movimento de maior repercussão junto à sociedade. Largamente noticiada na mídia, também pôde ser contada a partir do olhar das famílias acampadas, sendo o *Jornal Sem Terra* o meio para dar vazão a essa escrita da luta em construção. Uma música feita pelos poetas do Movimento, nesta época, também constitui essa escrita:

> Nos fecharam as vias legais,
> Só nos restam os acampamentos.
> Resistir à polícia e às armas,
> Pra suprir o país de alimentos.[38]

A letra da canção diz muito de como seriam a postura e as ações do Movimento dali para frente. Reconhecem mais uma vez que o *acampamento é a forma ativa* de espera dos Sem Terra e que *a ocupação é a greve do agricultor*. A letra expressa a determinação da resistência, mesmo frente às armas. Nesse momento, os Sem Terra entendem que quem supre as necessidades de alimentos do dia a dia na mesa das famílias brasileiras são os pequenos agricultores.

Entre as quase 6 mil pessoas que ocuparam a Fazenda Annoni, havia muitas crianças que passaram por toda a luta pela con-

---

[37] Fernandes, *op. cit.*
[38] Görgen, Frei Sérgio (org.). *Uma foice longe da terra*: a repressão aos sem-terra nas ruas de Porto Alegre. Petrópolis: Vozes, 1991.

quista da terra. Em 1996, 74 dessas crianças "filhas" da Annoni escreveram uma cartilha contando a história dessa luta:[39]

> Pessoas ligadas ao Movimento Sem Terra, como a CPT, igrejas, sindicatos, começaram a trabalhar nas comunidades organizando as famílias que queriam ir para a luta, para conseguir seu pedaço de terra. Quem estava disposto a lutar era cadastrado e eram avisadas algumas horas antes, porque tinham medo que a informação vazasse.[40]

Na Annoni, a Equipe de Educação preocupava-se principalmente com as crianças, organizando escolas no acampamento. O Estado não garantia o acesso à escola, então os próprios acampados organizam a educação para que as crianças aprendessem a ler, escrever, fazer contas, conviver e também participar das lutas junto aos pais. As professoras e professores são do próprio acampamento.

> A organização escolar do acampamento era muito boa, porque, dentro de um mês, nós crianças já estudávamos numa escola de madeira feita por nossos próprios pais e com professores do acampamento. Nossas brincadeiras no acampamento eram várias; nós brincávamos de casinha, carrinho, de casamento, na chuva, jogávamos futebol, jogando bolitas, caçando com estilingue. Por isso, ficávamos doentes facilmente, porque havia pouca água e tínhamos de tomar banho todos juntos e na mesma água, e se um tinha alguma doença transmitia para os outros.[41]

Um dos momentos mais tensos e marcantes da Annoni remete a uma das tentativas de reintegração de posse executada

---

[39] Hoje essas crianças e suas famílias moram no Assentamento Conquista da Fronteira, e os Sem Terrinha estudam na escola Construindo o Caminho, onde surgiu a ideia da produção da cartilha com a história da luta das famílias até a conquista da terra. No processo de elaboração da cartilha, as crianças entrevistaram seus pais, avós, vizinhos para que contassem principalmente como viviam no acampamento e o caminho percorrido até a conquista do assentamento.

[40] MST. *A história de uma luta de todos*. Porto Alegre, 1997.

[41] *Id.*, 1996. (Coleção Fazendo História, n. 3).

pela polícia, quando as crianças foram oferecer flores aos policiais como forma de demonstrar que a luta não era contra eles, mas sim contra os governantes que não queriam desapropriar as terras e também não davam condições melhores de vida. Alguns policiais choraram de emoção.[42]

Estes dias de tensão, repressão e angústia foram documentados por Tetê Moraes no filme "Terra para Rose". O filme sofreu restrições por causa do seu apelo militante. Abordando a temática da Reforma Agrária na "Nova República", o filme teve como referência o processo de ocupação e conquista da Fazenda Annoni. A história, narrada pela atriz Lucélia Santos, foi contada a partir da experiência de algumas mulheres trabalhadoras que participaram da ocupação, entre elas Roseli Celeste Nunes da Silva.[43]

Uma série de marchas e mobilizações é realizada pelos acampados da Annoni no intuito da conquista da terra. A de maior destaque foi a "Romaria Conquistadora da Terra Prometida", uma caminhada de 350 km entre a Annoni e a capital, Porto Alegre, realizada pelas famílias e por apoiadores, que ganhou uma enorme visibilidade política. Em 23 de junho de 1986, 28 dias após a partida, os caminhantes chegaram à capital do estado. No entanto, não eram apenas mais 250 agricultores, mas uma grande multidão, estimada pelos organizadores em cerca de 30 mil trabalhadores, mobilizada com o apoio de setores pro-

---

[42] *Jornal Sem Terra*, julho 1989.
[43] No dia 31 de março de 1987, Roseli Nunes e outros três trabalhadores Sem Terra foram mortos em uma manifestação na BR 386, em Sarandi, no Rio Grande do Sul. Ela e outros cinco agricultores protestavam por melhores condições para os agricultores e uma política agrária voltada para os camponeses. Naquele dia, um caminhão passou por cima da barreira humana que estava formada na estrada, ferindo 14 agricultores, e matando três: Iari Grosseli, de 23 anos; Vitalino Antonio Mori, de 32 anos, e Roseli Nunes, com 33 anos e mãe de três filhos. MST. "Roseli Nunes presente".

gressistas da Igreja, partidos de esquerda, sindicatos e movimentos sociais.

O acampamento da fazenda Annoni representou, pelo menos até meados de 1987, uma rica experiência para o MST, quando desde o Rio Grande do Sul se ia construindo modos de organicidade, visando à participação de muitas famílias acampadas. Nele se concentraram os esforços de organização, tanto em termos de negociação e mobilização social para que as famílias fossem assentadas, quanto no trabalho de formação política dos militantes envolvidos nas tarefas auto-organizativas, incidindo, inclusive na capilaridade do Movimento naquele estado. Na segunda metade da década de 1980, as principais lideranças estaduais e mesmo nacionais do MST provinham, em boa medida, da experiência organizativa naquele acampamento e, quando se falava no MST do sul do país, havia uma nítida identificação com a luta dos acampados da fazenda Annoni.[44]

No decorrer do processo de luta e organização do acampamento da Fazenda Annoni, por volta do mês de setembro de 1986, são definidas, a partir de intenso trabalho de base, novas ações de ocupação de terra. O ano de 1987 será marcado por diversas ocupações cujo lastro provém da experiência acumulada desde os enfrentamentos e os processos organizativos da Annoni: são realizadas 12 ocupações, além de ações como a tentativa de marcha à cidade de Cruz Alta (RS), que acabou em confronto com a Brigada Militar.

No Rio Grande do Sul, naquele momento, os Sem Terra já se organizavam em três coordenações regionais, nas cidades de Ronda Alta, Três Passos e Frederico Westaphalen. No entorno dessas regiões, várias ações coordenadas pelo MST aconteceram neste período.

---

[44] *Ibid.*

Um dos exemplos dessas ações do Movimento é um acampamento de três dias, na cidade de Palmeira das Missões, no final de julho de 1985 que tinha, como uma das reivindicações, a imediata operacionalização do Plano Nacional de Reforma Agrária (PNRA).[45] O acampamento é violentamente reprimido pelos grandes proprietários de terra. Darci Maschio, uma das lideranças do período, em entrevista ao *Jornal Sem Terra*, comentando as pressões dos latifundiários para retardar a implantação do PNRA, afirma que o Movimento tinha disposição para afirmar suas reivindicações, não recuando frente às intimidações: "Não somos mais os ingênuos de quatro anos atrás. Não temos dinheiro, nem armas, nem poder político, como os latifundiários, mas não somos meia dúzia como eles".[46]

Entre essas ocupações, está a da Fazenda Santa Elmira, no Salto do Jacuí, em 9 de março de 1989, que agregou em torno de 2 mil trabalhadores, homens e mulheres, dentre os quais destacamos, neste trabalho, a participação de cerca de 600 crianças. Também nessa ocupação houve mais um violento conflito com a Brigada Militar. Ali os Sem Terra recusam-se a atender a ordem de desocupação da fazenda e sofrem um violento massacre executado pela Brigada Militar do Rio Grande do Sul.

José Gomes da Silva caracterizou o conflito da Fazenda Santa Elmira como "o mais sério conflito de terras desde a Guerra do Contestado".[47] Neste ponto, convém destacar duas questões

---

[45] Em outubro de 1985, um decreto da Presidência da República do Brasil aprovou o I Plano Nacional de Reforma Agrária (PNRA), gerado a partir de um amplo debate nacional que coletou contribuições que ajudaram a compor o documento. O I PNRA está organizado em duas partes: a primeira, contendo a sua fundamentação, e a segunda, que trata da formulação estratégica do Plano. No período, o Plano não foi executado.
[46] *Jornal Sem Terra*, jun. 1985.
[47] MST. *O MST:* a luta pela reforma agrária e por mudanças sociais no Brasil: documentos básicos. São Paulo: 2005.

que, articuladas, participam do eixo deste capítulo; a primeira diz respeito à intensificação do processo de lutas a par e passo com a extrema violência, gerando situações de ruptura, inclusive das normativas vigentes quanto à proteção dos direitos humanos. Em contrapartida, a participação qualitativa das crianças nos atos de ocupação confere ao Movimento a necessidade de uma reflexão específica acerca da situação da infância sem direitos. Pode-se afirmar que estavam nascendo ali os Sem Terrinha.

Como se vai percebendo, os estudos de história social da infância no Brasil devem voltar sua visada aos fatos sociais do período, observando as crianças Sem Terra como sujeitos sociais, participando de ações concretas de luta e enfrentamento e, inclusive, gerando uma agenda de reivindicações específicas, construída desde uma reflexão acerca da negação do princípio da vida e da existência social dos filhos da classe.

A violência e o abuso sexual contra as mulheres são constantes nos conflitos com a polícia. Os homens, geralmente, eram agredidos com muita violência física; as mulheres sofriam, além das agressões corporais, a ação policial do desrespeito, do assédio e violência sexual. Neste caso, é de se observar a evidência histórica de expropriação do corpo dos trabalhadores: homens, mulheres e crianças são constantemente vitimados em nome das estratégias de controle e punição desde o Estado e o patronato.

Como resultante dos agudos conflitos no Rio Grande do Sul nesse período, convém avivar a memória social acerca dos fatos ocorridos no dia 8 de agosto de 1990 na cidade de Porto Alegre. Os Sem Terra ocuparam a Praça da Matriz, em uma quarta-feira em que o medo ressurgia bem no centro de uma metrópole que se projetava com os ares de século XXI. As pessoas enxergavam de dentro dos escritórios um dos maiores conflitos entre camponeses, que erguiam foices e enxadas, e soldados da Brigada Militar, que apontavam armas e pisoteavam famílias inteiras que gritavam dizeres velhos demais: "Queremos terra!". Pareciam personagens fugidos das páginas dos livros de história que contavam sobre as revoltas de Canudos e do Contestado, que se materializavam naquela cidade, cheia de ânsias de primeiro mundo que descobria, então, a barbárie trazida pela miséria.[48]

A gente da cidade se perguntava: por que aquelas famílias estavam ali? A exploração, o abandono, o êxodo, a terra concentrada, a falta de crédito rural, a aposentadoria de meio salário mínimo, as mulheres rurais relegadas em seus direitos, os preços insignificantes para os produtos agrícolas, os barracos de lona preta, as crianças morrendo de fome, as doenças... Eram muitos os motivos. Como bem assevera Ênio Bonemberger, para quem as lonas pretas irrompem na cidade como um desafio:

> Quatro poderes desafiados pelas lonas pretas dos barracos. Melhor que ficassem lá, distantes, perdidos nos descampados. Lá incomodavam menos. Aqui eles agridem a tranquilidade dos que governam, dos que legislam, dos que julgam e dos que pregam.[49]

A Praça, agora ocupada, era rodeada pela sede do governo do Estado, da Assembleia Legislativa, do Tribunal de Justiça e pela Catedral. Esses poderes que se sentiram agredidos pelos barracos armados na praça, pelos homens com chinelos de dedo, mulheres e crianças, pelas roupas, pelo jeito, pelas ferramentas de trabalho. Tudo afrontava aqueles poderes ali representados. O citado Sem Terra teve aguda sensibilidade acerca da percepção sobre os pobres na cidade: causavam um grande incômodo.

E agrediam demais, com sua teimosia indomável em exigir a realização da Reforma Agrária. Exigiam a desapropriação do

---

[48] Görgen, Frei Sérgio (org.). *Uma foice longe da terra*: a repressão aos sem-terra nas ruas de Porto Alegre. Petrópolis: Vozes, 1991.
[49] Ênio Bonemberger, do acampamento de Cruz Alta, RS. *In*: MST. *O MST*: a luta pela reforma agrária e por mudanças sociais no Brasil: documentos básicos. São Paulo: 2005.

latifúndio. Exigiam justiça no campo. Exigiam a viabilização da pequena produção agrícola. Exigiam que a terra fosse distribuída para quem nela trabalha. Garantiam produzir alimentos em quantidade suficiente para matar a sede e a fome de justiça e de direitos no Brasil *dos debaixo*.

Na pauta das negociações, o cumprimento da promessa feita pelos governos estadual e federal, de assentamento provisório emergencial de 1.400 famílias acampadas em Cruz Alta, numa área de 1.000 hectares, como única forma de melhorar as condições dramáticas de saúde daquelas famílias e aliviar a tensão social reinante no Estado. Pediam também a aceleração no assentamento definitivo dos acampados da Fazenda Annoni e Fazenda Capela.

Desde a ocupação, trava-se de um processo de negociação com o governo do Estado mediado por alguns parlamentares interrompido pela truculência da Brigada Militar contra os camponeses. O resultado do conflito indica o grau de tensão e violência: dezenas de camponeses feridos, dois hospitalizados em estado grave e um soldado morto. Sobre os terríveis fatos nesta pesquisa nos deparamos com uma das mais fortes narrativas desde a história social do período: trata-se do livro *Uma foice longe da terra*, de Frei Sérgio Görgen, um dos mais precisos documentos acerca do terror, da expropriação e da violência como os mecanismos de sempre acionados por dentro da lógica do capital.

Uma cartografia da violência do campo

"Não faz muito tempo, seu moço
Nas terras da Paraíba
Viveu uma mulher de fibra
Margarida se chamou
E um patrão com uma bala

> *Tentou calar sua fala*
> *E o sonho dela se espalhou*
> *[...]*
> *E quando na roça da gente brilhar as espigas*
> *Vai ter festa e nas cantigas*
> *Margarida vai viver*
> *E quando na praça e na rua florir*
> *Margaridas*
> *Vai ser bonito de ver*
> *Vai ser bonito de viver!"*
> Canção para Margarida/Zé Vicente

É no cenário de ebulição de conflitos sociais no campo que, a partir de 1985, a Comissão Pastoral da Terra (CPT) começa a organizar e publicar, anualmente, um registro vigoroso e uma análise sistematizada da violência no campo. Sob o título "Conflitos no Campo", a CPT que tinha (e tem) como objetivo tornar público, aos trabalhadores urbanos e à sociedade, o violento massacre contra os camponeses e cobrar também da sociedade um posicionamento efetivo e de solidariedade para acabar com o cenário de guerra instaurado no campo brasileiro. Também é objetivo do Caderno exigir do Estado e da Justiça o desarmamento das milícias particulares, dos jagunços, dos grileiros e fazendeiros.

Nesta questão, é preciso destacar o impacto da leitura dos Cadernos que, a nosso juízo, constituem uma das mais contundentes e significativas fontes para a história social da expropriação e violência que se abate cotidianamente nas diversas regiões do Brasil. Cumpre registrar a qualidade e o alcance da pesquisa, atualizando de modo dramático os registros da superexploração dos trabalhadores e inclusive das formas de trabalho compulsório no campo e, no limite, a escravidão em pleno século XXI. Para a presente dissertação, nossa ênfase recai sobre o tema da violência. Segundo as fontes consultadas, para o ano de 1985, 216 trabalhadores e agentes pastorais foram assassinados, além de muitos perseguidos, torturados e presos.[50] Entre os 216 mortos, 145 são classificados como assassinatos, e os outros 71 como vítimas das criminosas condições de trabalho impostas aos trabalhadores rurais. Além dos assassinatos, 1.363 trabalhadores feridos e 557 presos nos diversos tipos de conflitos. Enxergamos o número de 2.137 trabalhadores atingidos diretamente pela violência cometida contra os posseiros, sem-terra e demais trabalhadores rurais.

Famílias tiveram suas casas e plantações destruídas. Todas essas ações praticadas e incentivadas por fazendeiros, latifundiários, grileiros, jagunços, milícias particulares, forças policiais e setores do judiciário. É comum, além de balas assassinas, ficarem as famílias ao relento, ou em acampamentos à beira das estradas, por terem sido expulsas da terra, queimados seus barracos e pertences, perdidas as plantações e animais domésticos. Mais rotineira se torna também a realidade da miséria, *da morte de fome um pouco por dia*, como cantou o poeta João Cabral de Melo Neto,[51] da morte por falta de qualquer tipo de assistência, do suicídio desesperado.

É neste quadro de extrema violência e tensão social, no qual se vislumbra a luta e a organização camponesa, que está sendo

---

[50] Chama atenção também, no ano de 1985, o alto número de acidentes envolvendo as condições de trabalho. São 76 casos trabalhistas, envolvendo perto de 160 mil pessoas. Esses casos agregam, além de moradores de fazendas, boias-frias, trabalhadores do garimpo e da mineração e camponeses contaminados pelo alto uso de agrotóxicos em muitos lugares, o que acarretava também conflitos.

[51] Melo Neto, João Cabral de. *Morte e vida severina*. Rio de Janeiro: Objetiva, 2007.

gerada a esperança histórica, a conquista da terra, no entendimento da CPT:

> Pode-se ver nos anexos como a violência está presente em todo o país. O ano de 1985 revelou, de modo particular, como a violência acontece também no sul do Brasil. A partir da organização dos camponeses e de suas ações em busca de terra que necessitam os proprietários e seus aliados geraram dezenas de acampamento em que, com a fome, o sofrimento e a morte, está sendo gerada a esperança histórica da conquista da terra.[52]

É válido lembrar que, a esta altura, o MST havia se constituído formalmente há um ano e figurava no cenário nacional como um dos principais instrumentos de organização dos trabalhadores do campo; o Movimento estava presente em 12 estados do Brasil, distribuídos principalmente nas regiões Sul, Sudeste e Nordeste. Em todos esses estados, já havia acampamentos constituídos e organizados pelo MST.

A decisão do MST de lutar pela Reforma Agrária pela via do enfrentamento com a ocupação de terras em propriedades privadas foi determinante para a maior organização das famílias camponesas que enxergaram possibilidades reais da conquista da terra por meio da luta. Conquistar a terra significava muito mais do que um chão para morar, podia significar a recuperação da dignidade perdida, a possibilidade de futuro para os filhos, do abandono da fome como uma constante, do sonho de ter uma casa de alvenaria, entre muitos outros desejos cotidianos.

Durante a década de 1980, a região Sul aparecerá durante todos os anos com o maior número de conflitos pela terra documentados pela CPT. Uma evidência também da organização em torno do MST, das Comunidades Eclesiais de Base e dos Sindicatos de Trabalhadores Rurais. É preciso lembrar que, no Rio Grande do Sul, construiu-se uma tradição de luta camponesa.

---

[52] CPT. *Cadernos Conflitos no Campo de 1985*. 1986. p. 11

Na história recente, organizou-se o Movimento dos Agricultores Sem Terra (Master). Na região Norte, em especial no Estado do Pará, em 1985, ocorreram 84 conflitos de terra atingindo 13.191 famílias, cerca de 65 mil pessoas. Como vítimas, 54 mortos, 25 feridos, 57 presos, sete desaparecidos e cinco casas queimadas. Nesse contexto, o MST inicia sua atuação por volta do ano de 1988.

É visível, pelos quadros estatísticos apresentados, o crescimento das lutas dos trabalhadores rurais. Mais de meio milhão de pessoas foram envolvidas nas lutas pela posse da terra ou em conflitos ligados à exploração da mão de obra rural. Estas 567 mil pessoas, porém, participaram de uma batalha em várias frentes e pulverizada em 768 conflitos que não possuem um vínculo entre si, uma coluna que os unifique e lhes confira uma direção.[53]

Na região Nordeste, a Bahia é o estado onde há mais conflitos, devido também ao tamanho de seu território e à quantidade de latifúndios. Em 1985, foram 46 áreas de conflito, envolvendo 7.082 famílias, cerca de 36 mil pessoas. O saldo trágico outra vez: nove mortos, 16 feridos ou torturados, 72 presos e 30 casas queimadas.

Merece atenção, neste quadro brutal de violência no campo brasileiro, o esforço dos trabalhadores rurais Sem Terra de encontrar o caminho da superação do isolamento e do localismo das lutas. Os acampamentos organizados pelo MST e os nascentes assentamentos apontam, neste momento, para o conjunto da sociedade brasileira, dois fatos: os trabalhadores rurais incorporavam um grande número de homens, mulheres, jovens e crianças que chegaram ao limite da exploração e viam na organização das ocupações, os acampamentos e os assentamentos um modo de resistência dos trabalhadores frente ao latifúndio.

Com o passar dos anos, o número de conflitos aumentava, e muito maior, porém, era a violência, o número de pessoas en-

---

[53] *Ibid.*, p. 15.

volvidas e a extensão do território dos conflitos. 190 mil pessoas a mais sofreram por causa da tensão na área rural, e 3 milhões de hectares a mais foram incluídos nas terras conflitivas. Foi a partir de meados dos anos 1980 que, a cada ano, os conflitos em torno da terra agravam-se, e o Estado brasileiro permanecia omisso diante dessa situação. Dom Ivo Lorscheiter, presidente da Conferência Nacional dos Bispos do Brasil (CNBB), naquela altura, no documento apresentado ao Presidente da República, no dia 29 de outubro de 1986, afirma: "O Executivo desapropria, o Judiciário anula as desapropriações e o Legislativo Federal fica inoperante".[54]

Em 1986, foram 137 assassinatos no Brasil, 188 ameaçados de morte, mais de 30 mortes sem especificações precisas do motivo e das circunstâncias, todos, porém, ligados ao campo e mais oito desaparecidos. Considerando ainda os 334 presos, 199 feridos e torturados, podemos dizer que a guerra no campo continua neste ano e, daí por diante, por todas as regiões do Brasil.[55]

Em 1986, aconteceram chacinas que ficaram marcadas na memória social: a dos índios Tukano Machado, em São Gabriel da Cachoeira, Amazonas; a família Ferreira Santos, em Muraú, Bahia; a família Veríssimo Carlos, em Trairí, Ceará; e a família Ferreira, com oito pessoas assassinadas, em Jauru, Mato Grosso, na tristemente famosa Gleba Mirassolzinho, cenário de outras chacinas nos anos anteriores.[56]

Para o ano de 1987, houve 582 conflitos de terra documentados, 109 pessoas foram assassinadas, 143 receberam ameaças de morte, 37 foram vítimas de assassinato, 276 sofreram prisões

---

[54] *Boletim Notícias CNBB*, n. 44, out. 1986
[55] CPT. *Cadernos Conflitos no Campo de 1986*. 1987.
[56] CPT. *Cadernos Conflitos no Campo de 1985*. 1986.

ilegais, 132 tiveram lesões corporais, e 88 foram torturadas e receberam maus tratos. Somando-se outros tipos de conflitos ocorridos no campo, chega-se a 782 conflitos, nos quais aconteceram 154 assassinatos.[57]

A região Norte aparece como uma das mais violentas do país em número de mortos e extensão da área de conflitos. No Nordeste, os conflitos ligados à seca continuam sendo uma realidade; no Ceará, superaram os conflitos ligados à terra. No ano de 1987, registraram-se 14 conflitos ligados à terra e 18 ligados à seca.

Ainda no ano de 1988, chama atenção não só o número de assassinatos, mas também a violência com que são cometidos, muitas vezes, acompanhados de tortura e mutilação. Nos registros dos conflitos, encontramos o caso do índio Pataxó Hã-Hã-Hãe[58] Djalma Souza Lima, encontrado morto, com o couro cabeludo, unhas, dentes e órgãos genitais arrancados, e também o caso do assassinato do cacique Suruí, de 70 anos, morto com cerca de 20 tiros.

Em 1988, também acontece o julgamento de um dos acusados pelo assassinato da camponesa e líder sindical Margarida Alves,[59] presidente do Sindicato dos Trabalhadores Rurais

---

[57] CPT. *Cadernos Conflitos no Campo*. 1988.
[58] Os índios conhecidos sob o etnônimo englobante *Pataxó Hã-hã-hãe* abarcam, hoje, as etnias Baenã, Pataxó Hã-hã-hãe, Kamakã, Tupinambá, Kariri-Sapuyá e Gueren. Habitantes da região sul da Bahia, o histórico do contato desses grupos com os não indígenas se caracterizou por expropriações, deslocamentos forçados, transmissão de doenças e assassinatos. A terra que lhes foi reservada pelo Estado em 1926 foi invadida e em grande parte convertida em fazendas particulares. Apenas a partir da década de 1980 teve início um lento e tortuoso processo de retomada dessas terras. Ver mais em: Piubelli, Rodrigo. Memórias e imagens em torno do índio Pataxó Hãhãhãe Galdino Jesus dos Santos (1997-2012). Dissertação de Mestrado em História Cultural. Brasília: UnB, 2012.
[59] Margarida Maria Alves, trabalhadora rural, presidente do Sindicato de Trabalhadores rurais de Alagoa Grande, município do estado da Paraíba, foi assassinada por um pistoleiro, a mando dos usineiros da região do brejo paraibano, em 12 de agosto de 1983.

de Alagoa Grande (PB), assassinada em 1983. Antônio Carlos Coutinho Régis, pecuarista e fornecedor de cana, é absolvido por 4 votos a 3, prevalecendo a impunidade, como regra, aos mandantes dos assassinatos.

Nesta história cruenta, este trabalho assinala, a partir das fontes examinadas, os graus de violência cometidos contra as crianças sem-terra, como se pode ler no tópico seguinte.

"Eu pedia para a polícia não matar os meus filhos"

Diante da cova de Loivaci Pinheiro – menina de quatro meses que morreu de subnutrição e broncopneumonia em Ronda Alta – na quinta-feira, os colonos sem-terra acampados em Encruzilhada Natalino fizeram duas promessas: primeira, que a próxima criança que morrer no acampamento será velada em frente ao Palácio Piratini; segunda, que o governo tem um prazo de, no máximo, 15 dias para resolver a situação dos agricultores.

Protestamos contra o governo que deixa nossas crianças morrerem por falta de assistência – gritavam os colonos. Protestamos contra a morte desta criança por falta de apoio do governo. Exigimos terras para que os pais de família possam trabalhar. Exigimos alimentos, justiça e que o Estatuto da Terra seja cumprido.

As palavras foram repetidas várias vezes durante o trajeto. Miguel Pinheiro, pai de Loivaci, estava muito abalado, mas contava com serenidade o que aconteceu com sua única filha:

– Ela ficou 28 dias internada no Hospital Nossa Senhora dos Navegantes, em Ronda Alta. O médico deu alta, mas, em 10 dias, ela já estava ruim de novo. Quinta-feira, eu e a mulher levamos ela de volta para o hospital, pois estava muito mal. Pedi para os médicos atenderem ela primeiro, mas eles me disseram que eu tinha que esperar a ordem das fichas e tinha sete pessoas em nossa frente. Ficamos esperando e, quando vimos, ela já estava morta. Morreu nos braços da mãe, só então os médicos vieram atender.

Loivaci nascera há quatro meses numa barraca da Fazenda Brilhante. Há dois meses que ela estava com os pais acampados na beira da estrada, sofrendo com frio, a falta de alimento, a umidade. O pai não hesita em culpar o governo pela morte da filha e diz: – Se o governador já tivesse normalizado a nossa situação, isto não teria acontecido, e ele não normalizou até agora porque não quer, porque terra tem por aí, aos montes.[60]

Cumprindo o juramento simbólico feito ali na morte de Loivaci, o velório de cada criança morta tornar-se-ia público em palavras de luto e de luta. Loivaci foi uma das muitas crianças assassinadas pelo latifúndio, pelo agronegócio e pelo Estado no Brasil. Muitas, como ela, foram mortas pela violência da fome e da falta de assistência à saúde, outras, no entanto, assassinadas pelas balas dos fazendeiros e suas milícias em muitos cantos do país.

A luta pela terra no Brasil causa o enfrentamento entre os que dependem da terra para sobreviver e os que usam da violência do latifúndio concentrado nas mãos de poucos. Houve o momento em que os favoráveis a uma Reforma Agrária e os que dela precisavam para poder viver acreditaram na então nova Constituição Brasileira, de 1988, como um aparato jurídico capaz de criar condições para a realização da Reforma Agrária. Mas os trabalhadores se frustraram ao ver que as leis continuaram favorecendo o latifúndio, obrigando aos que precisam delas para viver à luta permanente pela conquista da terra, pois isso significava, no período, e significa até hoje, o direito de viver.

Entre as muitas situações de violência contra as crianças nesse contexto da luta pela terra, ainda nos 1980, está aquele que motivou a ocupação da Fazenda Santa Elmira, em Salto do Jacuí, no Rio Grande do Sul.

Os fazendeiros da região onde se situava o acampamento estavam pulverizando as lavouras de soja com aviões agrícolas e propositalmente fizeram os aviões passarem com o esguicho aberto sobre a área do acampamento. Quatro crianças foram mortas envenenadas por agrotóxicos, outras 15 internadas com intoxicação grave e centenas sofrem dia e noite, também intoxi-

---

[60] *Boletim Sem Terra*, 1981. p. 1.

cadas. Todo o acampamento em que elas estavam foi sobrevoado por aviões pulverizadores de veneno.

> O avião que despejava pesticidas nas lavouras de Alberto Ângelo Tagliari, Dorival Dires e de outro conhecido vulgarmente por Chinês passa propositalmente sobre o acampamento com o esguicho aberto, pulverizando. Quatro crianças morrem em consequência do envenenamento. São elas:
> 1. Marco Rodrigo Toledo, de 9 meses de idade. Faleceu no dia 5 de fevereiro de 1989 no Hospital São Vicente de Cruz Alta. Seus pais são Balduíno Dorneles e Marcelina Toledo.
> 2. Alexandre Batirtella, de 5 meses. Faleceu no dia 19 de fevereiro, também no São Vicente. Era filho de Sebastião e Iolanda Batistella.
> 3. Jaime Rhoden, de 5 anos. Faleceu no dia 7 de março de 1989 num hospital de Santa Maria. Seus pais são Rubem Miguel e Elaine Rhoden.
> 3. Marisa Garcia da Rocha, de 4 meses. Faleceu no dia 6 de fevereiro no Hospital São Vicente, de Passo Fundo, depois de nove internações em Salto do Jacuí e Cruz Alta.
> Mais 15 crianças são internadas com intoxicações graves. Outras centenas sofrem dia e noite com intoxicações leves. Apesar dos gritos, ninguém faz conta. A própria notícia encontrou dificuldade de ser veiculada na imprensa. O clima de revolta no acampamento foi indescritível. A dor daquelas mortes ficou trancada na garganta dos acampados.[61]

O veneno que mata aos poucos os trabalhadores que cuidam das plantações nas grandes fazendas, naquele dia do ano de 1989, matou rapidamente. E matou as crianças, justamente aquelas que "não tiveram tempo de se acostumar" ao veneno, como é o caso de Marisa, de quatro meses; Alexandre, de cinco meses; Marco Rodrigo, de nove meses; e Jaime, com cinco anos, que também, por conta da fome e do frio que passavam no acampamento, possuíam um sistema imunológico mais frágil.

---

[61] Görgen, Frei Sérgio A. *O massacre da Fazenda Santa Elmira*. Petrópolis: Vozes, 1989.

Morreram também pelo descaso do Estado, pela falta de assistência dos hospitais mal equipados.

No discurso dos latifundiários, as mortes daquele dia vieram disfarçadas de fatalidades. Para eles, a morte entre os pobres é sempre uma fatalidade: a fome vira fatalidade; doenças endêmicas viram fatalidade; pulverização aérea vira fatalidade. É a fatalidade do dia a dia, e essas mortes não são computadas. E não há de quem cobrá-las. Na tentativa de subverter essa ordem de passividade, os homens e mulheres daquele acampamento movidos pela dor das perdas de seus filhos decidem agir. Como dito no dramático relato acima citado, face ao *indescritível clima de revolta* no acampamento, as famílias ocupam a Fazenda Santa Elmira, um grande latifúndio em uma região próxima. A ocupação era também uma resposta diante da dor daquelas mortes que ficara trancada na garganta dos acampados, como escreve Frei Sérgio Görgen.

No segundo dia da ocupação, recebem a ordem de despejo e decidem não obedecê-la. O juiz determina a saída em 24 horas. Após este prazo, inicia-se uma das mais violentas desocupações já sofridas pelo MST. Os soldados da Brigada Militar gaúcha batem em homens, mulheres e crianças com bordoadas de cassetete, pontapés, coronhadas, pontaços de baioneta, socos. Todos são obrigados a sair do acampamento com as mãos na cabeça e a deitar na grama fora da área.[62]

Lurdes Zanatta foi uma das muitas mulheres vítimas da violência do despejo e conta que ficou três noites sem dormir sentindo as dores dos diversos ferimentos deixados pela força policial. Ela, mãe de três filhos, conta que o mais novo, então com sete meses, quase morreu por intoxicação por gás lacrimogêneo:

> Eu pedia para a polícia não matar os meus filhos. Eu estava com dois no colo e três atrás de mim, todos pequenos. E eles atirando.

---

[62] *Ibid.*

Eu mostrava o nenê para eles e não adiantava. Tinha uns carrascos que dá vontade de chorar quando lembro. Passavam balas cantando, raspando em mim e nas crianças. Foi Deus que ajudou nós, porque tínhamos rezado muito.[63]

Na hora do desespero, a única coisa que a mãe gritava aos policiais é que não lhes matasse os filhos. São crianças os que morrem antes do tempo. Por causa do injusto peso da chamada injustiça. Morrem antes da hora os poucos filhos dos ricos? Talvez em acidente. Morrem antes da hora os filhos de quem, pelo menos, se equilibra na vida? Talvez uma desgraça inesperada. Mas como morrem os filhos dos pobres! Aos milhões. De fome, de doenças endêmicas, por falta de atendimento médico, assassinados. Também é assim na luta pela terra, são milhares de crianças nos acampamentos socorridas pelo carinho, afeto e coragem das famílias.

Muitas crianças foram mortas nos primeiros acampamentos do MST, principalmente no Rio Grande do Sul: dez no acampamento da Encruzilhada Natalino, algumas dessas mortes causadas por conta do bloqueio da Brigada Militar, que impedia a entrada de lenha no acampamento e também das doações de alimento. O frio e a fome adoeciam e, por vezes, matavam os pequenos.

Duas crianças mortas, no acampamento do Herval Seco. Quatorze crianças mortas no acampamento da Fazenda Annoni. Nove crianças mortas no acampamento de Caaró, Palmeira e Tupanciretã. Em Caaró, 346 famílias sobreviviam em apenas 6 hectares. Cinco crianças são envenenadas por aviões agrícolas no Acampamento do Rincão do Ivaí.[64]

---

[63] Depoimento de Irma, acampada da Fazenda Santa Elmira à Frei Sérgio Görgen. *In*: Görgen, Frei Sérgio A. *O massacre da Fazenda Santa Elmira*. Petrópolis: Vozes: 1989.

[64] Dados coletados em diversas edições do *Jornal Sem Terra* entre os anos de 1987 e 1989.

O *Jornal Sem Terra* descrevia uma reintegração de posse em uma Fazenda no Paraná: "soldados armados com fuzis, pistolas e metralhadoras avançam contra o inimigo, com a ajuda de cães e da cavalaria. Helicópteros sobrevoam a área, espalhando o terror. Homens, mulheres e crianças são espancadas, alguns são atingidos por tiros". Como consequência do episódio, em maio de 2000, mais de 1.500 trabalhadores rurais, incluindo mulheres e crianças que faziam uma marcha em Curitiba, também no Paraná, foram brutalmente reprimidos pela Polícia Militar.

O relato do assassinato de uma criança de 12 anos, Emerson dos Santos Rodrigues, em Rondônia, também é documentado nas páginas da *Revista Sem Terra*. Emerson era filho de Jadir Alves Rodrigues, membro da coordenação estadual do MST em Rondônia, e vivia no assentamento Novo Amanhecer, município de Ariquemes. Emerson foi assassinado, no dia 26 de agosto de 2000.

Entre esses muito mortos, uma mãe morta por um caminhão propositalmente desgovernado, também na fazenda Annoni. Morreu Roseli Nunes, a Rose. Ficou sua coragem e o pequeno Marco Tiaraju sem a mãe.[65]

> Elas, assim como os jovens, adultos e velhos, retratam em seus corpos a violência do latifúndio, que lhes fere o direito a ter casa e comida; dos latifundiários, que não vêm poupando mecanismos de repressão para inibirem os trabalhadores de proclamarem o direito à vida: são prisões injustas, espancamentos, chacinas, massacres, torturas, enfim, vários atos de violência física e simbólica que já foram praticados contra os sem-terra, cujos atores, muitos assassinos, continuam impunes aos olhos da justiça.[66]

---

[65] Primeira criança nascida em um acampamento do MST. Seu nome faz referência ao Marco – da luta pela terra e ao guerreiro indígena Sepé Tiaraju. Hoje, Marco Tiaraju atua como médico, formado em Cuba. Para conhecer melhor a história de Marco e Rose, recomendamos os filmes *O sonho de Rose* e *Terra para Rose*, dirigido por Tetê Moraes.

[66] Arenhart, Deise. *A mística, a luta e o trabalho na vida das crianças do Assentamento Conquista na Fronteira:* significações e produções infantis. Dissertação (Mes-

Desde as primeiras ocupações, a família tornou-se a principal referência na luta do MST. Em uma família de adultos, jovens e crianças que realizam a luta pela terra em vários espaços. Lá estão as crianças nas ocupações de terra, de prédios públicos, nas marchas, nos acampamentos, enfim, em todos os espaços em que se vai constituindo o MST e, por causa disso, em vários momentos, a mídia tornou pública sua posição, falando do "absurdo" que é a presença dessas crianças nesses territórios.

Comumente, ouve-se o discurso midiático dizer que a presença das crianças junto às ações é covardia e resulta de interesses políticos ou são usadas como escudos na linha de frente das ocupações. Uma "sensibilidade" repentina ataca setores do governo, empresários, latifundiários, juízes, militares. Surgem muitos argumentos desse tipo quando nos deparamos com ações do Movimento. Não antes. Nem depois. Apenas naquele momento, ouve-se: "pobrezinhas das crianças".

Esta "sensibilidade" não consegue sequer ver que a terra concentrada é que nega o pão, a roupa, a escola, a saúde, a vida a estas crianças. Não percebe que as promessas não cumpridas e a Reforma Agrária negada são responsáveis pela sentença silenciosa que condena à miséria, à fome, à morte estas crianças, os Sem Terrinha do MST.

Família de gente pobre é diferente da família rica. Os filhos acompanham seus pais, pois é para criá-los que se trava a luta por um pedaço de chão. Como afirmou Irene Silveira, acampada do Rincão do Ivaí: "Os filhos são nosso futuro. Lutamos por eles, para que não fiquem rolando como nós estamos rolando pelo mundo".[67]

---

trado em Educação) – Universidade Federal de Santa Catarina, Florianópolis, 2003, p. 39.
[67] Silva, Mauricio Roberto da. *O assalto à infância no mundo amargo da cana-de--açúcar:* onde está o lazer/lúdico? O gato comeu? Tese (Doutorado em Educação) – Universidade de Campinas, Campinas, 2000.

São ricos os relatos dos primeiros militantes do Movimento contando sobre a presença das crianças nos difíceis momentos nos acampamentos. Este relato recupera, de modo comovente, o sofrimento vivido na ocupação da Fazenda Santa Elmira, em 1989. A força do relato reside precisamente na cena em que se defrontam um adulto e uma criança de uns 4 anos. O adulto revela que sua estrutura de sensibilidade e sua coragem amortecida acordam face à curta voz infantil cantando a música hino dos Sem Terra naquele tempo. Ao redor, o cenário de violenta repressão e a presença da criança trazem uma reflexão que nos interessa também como matéria do tempo da história social: se afirmava ali uma súbita certeza – esse povo vai resistir e vai vencer. Como se vê, os momentos de agudo conflito trazem o futuro como esperança simbolizada pela presença das crianças nos acampamentos.

> Foi quando me chamou atenção uma criança de uns 4 anos, sentada em cima de um tronco de árvore, na beira da estrada, quase ao centro do acampamento, parecendo alheia a tudo o que ali se passava, sem se importar com o aparato militar que a rodeava. Cantava, a plenos pulmões, a música hino dos sem-terra naquela época: A grande Esperança.
> Parei, tomado de emoção, ouvindo aquela voz infantil rompendo o silêncio imposto pela ditadura militar e pelas elites aos camponeses pobres que estavam ousando levantar sua cabeça e dizer sua voz. – 'A classe *loceila* e a classe *opelália*, ansiosa, *espela* a *refolma aglália*' – cantava a vozinha inocente acordando em mim a coragem amortecida.
> Naquele momento, vi-me tomado de uma súbita certeza: esse povo vai resistir e vai vencer. Pela simples razão de que só assim haveria esperança de futuro para aquela criança e a multidão de outras que se acotovelavam, sofriam e brincavam pelos barracos daquele acampamento.[68]

---

[68] Depoimento retirado da cartilha: MST. *Crianças em movimento:* as mobilizações infantis no MST. Porto Alegre: 1999. (Coleção Fazendo Escola, setor de educação do MST).

Aqui se pode perceber que assim vem se dando. O Movimento continua a lutar, e as crianças continuam, pelos acampamentos dos Sem Terra, com seus olhinhos brilhando, com sua algazarra alegre, com sua perturbadora felicidade brotando do meio da miséria, com sua esperança sempre viva, com sua vivacidade esperta, instigando a consciência dos que entendem a esperança de futuro como resultado da luta social.

A presença das crianças nos espaços de luta e mobilização do MST tornou-se comum e constante e, além da alegria e da vivacidade, elas passaram também a representar a continuidade da mobilização em torno da causa da Reforma Agrária.

"Do chapéu de palha ao boné vermelho"

"Herdeiros da luta, resistência e memória
Estamos nessa luta continuando nossa história"
Palavra de ordem dos Sem Terrinha

A história do MST é pautada no projeto de construção de uma nova sociedade que leve em conta os valores da justiça social e da igualdade. A partir desse projeto, o MST, desde seu início, cria seus símbolos com base na cultura camponesa, calcados na história e na memória das lutas sociais. O cultivo desse sonho, a utopia concreta é o que se vive como mística. É forma de alimentar espiritualmente e de forma coletiva a construção do projeto de uma nova sociedade.[69]

Os trabalhadores Sem Terra se aglutinam, se unificam, se mobilizam em torno de valores. Estes são expressos em suas práticas sociais, nas celebrações e nos momentos da luta e nas Jornadas, em que se recorre à memória social para atualizar o compromisso de luta no presente. Por isso, os conteúdos do que se convencionou

---
[69] MST. *O MST*: a luta pela reforma agrária e por mudanças sociais no Brasil: documentos básicos. São Paulo: 2005.

chamar a "mística no MST" buscam expressar os momentos rituais e os lugares sociais de construção de um projeto de esperança, se alimentam dos valores da história e da memória. A mística expressa tanto os sentimentos de alegria, de júbilo, como os sentimentos da dor e da indignação. Em um esforço de síntese, é possível afirmar que a teimosia, a perseverança, o ânimo face às imensas agruras do cotidiano buscam também o amparo no cultivo das sensibilidades em coletivo, como afirma Ademar Bogo, querendo uma síntese da palavra mística: "Poderíamos utilizar outras palavras para definir a animação, a persistência, o gosto pela luta e a permanência nela apesar das dificuldades. Mas nenhuma delas teria a amplitude e o alcance da definição da palavra mística".[70]

Refletindo sobre o MST e a trajetória de lutas nas últimas décadas, é preciso compreender os elementos que se autoexplicam desde a esfera racional, enquanto outros precisam ser apreendidos na dimensão do cultivo de valores e da construção identitária. Isso também pode ser considerado uma dimensão da mística. Já mencionamos até aqui o rastro de sangue, destruição e morte presente nas lutas pela conquista da terra e dos direitos historicamente usurpados. Ora, a persistência na luta e a busca do futuro e da vida para além de objetivos imediatos só se torna possível a partir da coesão interna e da unidade em torno das consignas construídas ao longo dos últimos 35 anos. No dizer de Ademar Bogo, militante do MST, o alimento da mística é também a busca por uma vida melhor, pela igualdade social, por condições propícias, não apenas a sobrevivência ou a diminuição dos sacrifícios da vida cotidiana. Por exemplo, a persistência na luta mesmo depois da terra conquistada. Só uma mística forte leva a lutar por algo além

---

[70] Bogo, Ademar. *In:* MST. *O MST:* a luta pela reforma agrária e por mudanças sociais no Brasil: documentos básicos. São Paulo: 2005.

de objetivos imediatos. Ou dá força e sentido para lutar apesar de sucessivas derrotas e seguir acreditando na luta social.

> A mística está ligada também ao prazer, a sensação de prazer é um ato de conhecimento que interpreta uma dada relação organismo-ambiente como sendo favorável ou à sobrevivência ou à expressão do corpo. Ninguém luta a vida toda para buscar mais sacrifícios, luta para buscar bem-estar, vida melhor, igualdade social e o prazer.[71]

Houve muitas críticas no início da atuação do MST vindas de setores da esquerda, por acharem que a mística, historicamente ligada ao idealismo, caracterizava o MST como um movimento não de esquerda, mas religioso. O elemento religioso presente na mística do Movimento não provém apenas de elementos da religião, não é estanque, muda e se refaz com o correr do tempo. Novas referências são incorporadas a cada período. O MST formou-se integrando a realidade material das pessoas, mas também seus sentimentos, convicções e crenças.

Um dos principais vetores orgânicos do MST reside na construção dos símbolos que identificam o coletivo em ação e demarcam os espaços sociais da luta e do tempo em movimento, herança atualizada da cultura socialista; é o que se pode observar na bandeira vermelha, no hino, nas consignas, nas palavras de convocação e na evocação à memória dos lutadores sociais. Sobre o campo simbólico, o *Jornal Sem Terra* apresenta o entendimento do próprio movimento acerca dos termos históricos e da ideologia. Assim, os símbolos são entendidos como argumentos pedagógicos na formação dos coletivos, bem como matéria de encorajamento na luta e júbilo na vitória:

> Os símbolos são instrumentos privilegiados para executar essa formação de massas. O símbolo é representação material da identidade, da ideologia. Expressa o que somos e o que queremos. Servem para

---
[71] *Ibid.*

encorajar o povo na luta, e, quando somos vitoriosos, é através deles que expressamos nossa alegria. Também serve para que outros identifiquem o movimento nos lugares em que o movimento se faça presente.

Sobre o simbólico no MST, João Pedro Stedile afirma que "o que constrói a unidade é a ideologia da visão política sobre a realidade e o uso de símbolos, que vão costurando a identidade. Eles materializam o ideal, essa unidade visível".[72]

Dentre os recursos simbólicos, destaca-se a bandeira em movimento, aprovada durante o Terceiro Encontro Nacional, em 1987. A bandeira é vermelha, como são as bandeiras das organizações e movimentos socialistas há mais de um século. Um casal de trabalhadores ergue seus instrumentos de trabalho, em posição de protesto.

Até 1987, quando é adotada a bandeira, a cruz representava o maior símbolo da luta pela terra entre as famílias acampadas, presente em todas as ocupações e demais momentos públicos. Em geral, ocupava o centro da ocupação/acampamento, e, em torno dela, aconteciam as assembleias, reuniões, momentos festivos e as celebrações religiosas. No período, costumavam-se realizar celebrações após a ocupação de uma área. Um ato religioso, após um ato de desobediência civil, tem como objetivo evitar ou amenizar a possível repressão e criar um sentimento de unidade e de força. A cruz não sumiu. Até hoje está presente em alguns espaços do MST, mas, diante das simbologias criadas e construídas pelo coletivo do Movimento, aparece com menos frequência.[73]

A produção simbólica é uma atividade pedagógica e de formação política no MST. Aqui também vale a máxima popular "quem é visto é lembrado". Elementos como o hino e a bandeira

---

[72] Stedile, João Pedro; Fernandes, Bernardo Mançano. *Brava Gente*: a trajetória do MST e a luta pela terra no Brasil. São Paulo: Fundação Perseu Abramo, 1999, p. 40.
[73] Id. Ibid.

são indispensáveis na construção da identidade dos novos sujeitos e ajudam a propagandear a causa defendida. Em várias cerimônias solenes do MST, há o juramento da bandeira como ato cívico, e, em diversos momentos, a bênção da bandeira por um religioso quando se está começando um novo acampamento, na conquista dos assentamentos e nas passagens de aniversários dos acampamentos e assentamentos.

Assim como a bandeira, a definição do Hino do Movimento ocorre em um Fórum Nacional, a partir de um concurso nacional, visando estimular a produção simbólica na base. Os procedimentos para a divulgação e as formas de uso são os mesmos adotados com a bandeira. As simbologias, quer verbais, quer icônicas, incorporam e carregam diversas ideias ao mesmo tempo, e podem ser compreendidas por diferentes pessoas de modos diversos. E, quanto mais o tempo vai passando, esses símbolos inserem-se em uma tradição pessoal ou coletiva e começam a se fixar no imaginário social. Assim acontece há 30 anos com a simbologia criada e recriada pelo MST.

Jornal, bandeira, hino, todos esses elementos ajudam a constituir a mística do MST. Mística aqui é esse momento de coesão e reflexão das práticas realizadas e é também motivação para novas práticas. Mística é amálgama, coesão, construção de identidades e elemento impulsionador do MST.[74] Nesta direção, é ainda de Ademar Bogo a reflexão sobre a prática da mística nos vários momentos rituais da vida em movimento:

> Compreendemos que a prática da mística tem um papel fundamental, em termos individuais e coletivos, nas lutas de massa, nas comemorações e celebrações, nas alegrias, nas derrotas e nas vitórias. Tem o papel de nos animar, de nos revigorar para novas e maiores lutas.

---

[74] Bogo, Ademar. O MST e a cultura. *Caderno de Formação*, n. 34. São Paulo: Iterrra, 2001.

De nos unir e fortalecer. Tem o papel de nos dar consciência ideológica em nosso dia a dia.[75]

Além dos símbolos produzidos pelo MST, aí incluindo a canção e a poesia, a mística camponesa incorpora também lugares simbólicos da luta pela terra, lugares de cultivo da memória social. Entre eles, destacamos a força simbólica do acampamento da Encruzilhada Natalino (RS), como se fora uma ato fundador, e o Massacre de Eldorado dos Carajás, cuja repercussão dramática no plano internacional realiza inclusive um vigoroso ponto de inflexão na marcação social do tempo da luta. De Eldorado dos Carajás em diante, passaria a figurar como Dia Internacional da Luta Camponesa e, convocando a ação unitária do MST em escala nacional, o Abril Vermelho segue sendo resposta, inspiração e compromisso.

A construção de uma dimensão identitária dos sujeitos sociais é uma questão fundamental na trajetória e nos modos organizativos dos movimentos sociais. É por meio da experiência que os sujeitos podem perceber seus interesses comuns, demarcando os antagonismos e as diferenças; construindo assim suas próprias referências e projetando seu horizonte de expectativas. Neste trabalho, acolhemos a contribuição teórica de E. P. Thompson, para quem as experiências vivenciadas, individual e coletivamente, dão sentido histórico ao fazer-se da classe. "A classe ocorre quando alguns homens, como resultado de suas experiências comuns (herdadas ou partilhadas), sentem e articulam a identidade de seus interesses entre si".[76] Neste sentido, é possível aproximar o entendimento sobre as experiências vivenciadas à compreensão do elemento da mística como reforço da vida militante.

---

[75] MST. *Caderno de formação 27*. São Paulo.
[76] Thompson, E. P. *A formação da classe operária inglesa*: a árvore da liberdade. São Paulo: Paz e Terra, 2011, p. 10.

Assim, combinando elementos de modo singular, a mística dá sustentação ideológica e política à luta pela Reforma Agrária. Ela torna-se a expressão de um conjunto de convicções, elementos de utopia que inspiram e mobilizam. Tudo é, na verdade, político, mas o político não é tudo, porque a existência humana e a realidade social possuem outras dimensões da subjetividade que importam também integrar junto à política.[77]

Destacamos também, no campo simbólico, conteúdos pedagógicos e comunicativos. Na medida em que se recuperam fatos sociais, se atualizam sujeitos individuais e coletivos, assim como processos e histórias significativas para o grupo e, a partir delas, se recuperam as tradições e, ao mesmo tempo, se projeta o futuro e se delineia a utopia, angariando a energia e a motivação necessárias para fazer o dia a dia na direção da realização de um projeto coletivo. Como disse Miguel Arroyo, reafirmando a existência de relações entre movimento social, cultura e educação, é a "pedagogia dos gestos, a recuperação de estilos pedagógicos (típicos do mundo rural) que não podem ser perdidos".[78]

O MST se constitui historicamente, como visto neste trabalho, a partir do enfrentamento concreto na luta pela terra e por direitos. No entanto, é preciso atentar para os modos peculiares de sua organização, ressaltando os conteúdos simbólicos, como afirma a educadora e militante Roseli Caldart:

> Trata-se de um movimento social que foi se constituindo historicamente também pela força de seus gestos, pela postura de seus militantes e pela riqueza de seus símbolos. Do chapéu de palha das primeiras ocupações de terra ao boné vermelho das marchas pelo

---

[77] Bogo, *op. cit.*
[78] Arroyo, Miguel; Fernandes, Bernardo Mançano. *A educação básica e o movimento social do campo:* articulação nacional por uma educação básica do campo. São Paulo: Articulação Nacional por uma Educação Básica no Campo, 1999, p. 11.

Brasil, os Sem Terra se fazem identificar por determinadas formas de luta, pelo estilo de suas manifestações públicas, pela organização que demonstram, pelo seu jeito de ser, enfim, por sua identidade.[79]

---

[79] Caldart, Roseli Salete. *Pedagogia do Movimento Sem Terra*. Expressão Popular, São Paulo, 2004, p. 31.

A LUTA POR IMPRESSO E A INFÂNCIA NO MST

> *"Brilha no céu, a estrela do Che*
> *Nós somos Sem Terrinha do MST"*
> Palavra de ordem dos Sem Terrinha

O lugar da comunicação no Movimento Sem Terra

Como assevera Regina Festa, os movimentos sociais "têm origem nas contradições sociais que levam parcelas ou toda uma população a buscar formas de conquistar ou reconquistar espaços democráticos negados pela classe no poder".[1] Os movimentos sociais se constituem como sujeitos políticos que lutam por mudanças sociais. Individualmente, cada homem, mulher e criança que se organiza na luta por direitos vai construindo marcas identitárias e aspirações comuns em torno de projetos que destacam a qualidade social enquanto sujeitos coletivos, como é o caso, no Brasil recente, do Movimento Sem Terra (MST), do Movimento dos Atingidos por Barragens (MAB), do Movimento dos Trabalhadores Sem Teto (MTST), entre outros. Em torno da reflexão de matriz sociológica, Eder Sader afirma:

---

[1] Festa. Regina. "A Política de comunicação como fator de organização e mobilização dos movimentos sociais e populares". *In: Mídia e Diversidade Cultural*: experiências e reflexões, Brasília, Casa das Musas, 2009, p. 3.

Constitui-se um novo sujeito político quando emerge uma matriz discursiva capaz de reordenar os enunciados, nomear aspirações difusas ou articulá-las de outro modo, logrando que os indivíduos se reconheçam nesses novos significados. É assim que, formados no campo, comum no imaginário de uma sociedade, emergem matrizes discursivas que expressam as divisões e os antagonismos dessa sociedade.[2]

A percepção do que vem a ser um direito varia no tempo e no espaço. Tende a avançar em qualidade, dependendo do grau de organização e da força mobilizadora da sociedade civil, para forçar sua legitimação e consecução por parte do poder do Estado, do poder Legislativo e do capital. Os movimentos sociais representam um determinado grupo social que luta por direitos não respeitados ou ainda não conquistados.

É sabido que as diferentes expressões de poder, do capital ou do Estado não concedem benefícios aos pobres ou desprovidos da possibilidade de desfrutar de condições adequadas para realização plena dos direitos humanos. Para tanto, na história, são muitas as demonstrações de luta, revelando as distintas formas de articulação, consciência social e resistência política. É neste quadro de autopercepção dessas condições que os movimentos sociais se organizam, ampliam suas formas de luta e ressignificam historicamente um vocabulário da luta social.

No âmbito dos Movimentos Sociais de natureza e conteúdo popular, a comunicação tende a atuar como lugar social catalizador, com efeitos de mobilização e resistência. Por meio de seus próprios instrumentos de comunicação, os Movimentos se ressignificam simbolicamente, se comunicam com a sociedade evidenciando seu vocabulário de luta social e suas consignas historicamente construídas. Assim, a comunicação contribui como

---

[2] Sader, Eder. *Quando novos personagens entraram em cena:* experiências, falas e lutas dos trabalhadores da Grande São Paulo, 1970/1980. Rio de Janeiro: Paz e Terra, 1988.

força mobilizadora interna e externamente aos movimentos sociais. Ainda, como esforço de compreensão da natureza sócio-histórica dos movimentos sociais populares, é esclarecedora a abordagem de Cicillia Peruzzo:

> Os movimentos sociais populares, como forças organizadoras conscientes e dispostas a lutar, são artífices de primeira ordem no processo de transformação social, embora um conjunto de fatores (liberdade, consciência, união) e de atores (pessoas, igrejas, representações política, organizações) se some para que elas se concretizem.[3]

A comunicação é parte constitutiva dos processos de mobilização dos movimentos sociais em sua história e em conformidade com os recursos disponíveis em cada época. No Brasil, como em outras realidades, a construção de meios próprios de comunicação, além de uma aspiração e um projeto de autorganização, se impõe também em face da persistente repressão por parte do Estado e seus agentes, bem como pela imposição de diferentes formas de cerceamento da liberdade de expressão, atingindo picos insuportáveis de censura, aberta ou velada.[4]

A comunicação construída como parte da vida dos movimentos sociais de base popular se confunde com a sua própria origem e com as formas de ação, ao longo da história, sendo, portanto, características do processo de reação ao controle político, às condições degradantes de vida e ao desrespeito aos direitos humanos, práticas instauradas no Brasil ao longo do tempo, em sucessivas conjunturas autoritárias. Já nas primeiras décadas do século XX, como prosseguimento de rico percurso já obser-

---

[3] Peruzzo, Cicillia M. Kroling. "Movimentos sociais, cidadania e o direito à comunicação comunitária nas políticas públicas". *In:* Fuser, Bruno (org). *Comunicação para a Cidadania:* Caminhos e impasses. RJ: E-Pappers, 2008, p. 35.

[4] Mendonça, Maria Luísa Martins de. "A política de comunicação como fator de organização e mobilização dos movimentos sociais e populares". *In: Mídia e Diversidade Cultural*: experiências e reflexões. Brasília: Casa das Musas, 2009.

vado em meados do século XIX, observa-se o vigor do periodismo e outros meios de comunicação impressos, consoantes aos interesses de luta e organização dos trabalhadores.

No início do século XX, uma imprensa libertária formada por jornais anarquistas e socialistas circulou com grande relevância no esforço histórico de formação e organização do movimento operário no Brasil. Essa imprensa dos trabalhadores circulou em diversos lugares, alargando seu raio de ação para além dos trabalhadores imigrantes, recém-chegados da Europa. Esses jornais circulavam graças ao esforço coletivo desenvolvido na cultura associativa do período, sem esquecer o protagonismo dos tipógrafos e gráficos, com forte atuação na difusão da palavra impressa.

No adiantado do século XX, outros agrupamentos políticos de extração à esquerda no espectro partidário e político em geral, movimentos camponeses e sindicatos de trabalhadores urbanos também elaboram seus instrumentos de comunicação, com os jornais em primeiro plano. É significativo observar que, já na primeira metade do século XX, também os trabalhadores rurais desenvolviam meio próprios de comunicação através de seus sindicatos, da Ultab e das Ligas Camponesas. No período, merece destaque o jornal *Terra Livre*, periódico ligado ao Partido Comunista dos Brasil (PCB), e as rádios, que já exerciam forte papel de mobilização entre os camponeses pobres.

Mesmo nos períodos de forte controle do Estado, do estabelecimento da censura e outras práticas de negação da liberdade de expressão, é possível constatar o esforço comunicativo de diversos movimentos populares no Brasil. Recorro ainda à observação de Cicillia Peruzzo, analisando a conjuntura da ditadura militar no pós 1964:

> Mesmo sob o controle e o poder de coação do Regime Militar – em sua fase de declínio e correndo todos os riscos decorrentes da conjuntura política de então, o estado de exceção e seus mecanismos de

repressão, os movimentos sociais e outras organizações progressistas ousaram criar meios alternativos para se comunicar.[5]

Ao final da década de 1970 e durante os anos 1980, a comunicação popular no Brasil é marcada por dezenas de experiências que influenciaram e foram influenciadas pelo contexto das lutas sociais no período e pela organização dos movimentos sociais rurais e urbanos, reagrupando sujeitos coletivos em busca de direitos historicamente renegados. O período de redemocratização é também de ascenso da luta reivindicatória no campo e na cidade, favorecendo a articulação de grupos populares organizados e, com eles, uma comunicação popular como elemento de aglutinação, difusão de bandeiras de luta e conclamação organizativa. Dentre os exemplos amplamente estudados, encontra-se o fenômeno da comunicação sindical no Brasil. Neste recorte específico, um dos estudos pioneiros é de Maria Nazareth Ferreira, inclusive localizando historicamente esse processo comunicativo no século XIX:

> A comunicação voltada aos trabalhadores industriais é uma das mais antigas práticas de comunicação popular organizada. O mais antigo jornal que pode ser considerado como fruto da imprensa operária data de 1847; fundado por um grupo de intelectuais do Recife, denominou-se *O Proletário*. Com mais de um século e meio de existência, de modo geral, a história da imprensa operária pode ser dividida em diversos períodos, de acordo com as características predominantes em cada época, mas vive nos anos 80 o auge de sua efervescência política e repercussão.[6]

Longa e diversa é a rica história da imprensa dos trabalhadores no Brasil, como em outros países. Aqui, a referência é breve,

---

[5] Peruzzo, Cicillia M. Kroling. "Movimentos sociais, cidadania e o direito à comunicação comunitária nas políticas públicas". *In:* Fuser, Bruno (org). *Comunicação para a Cidadania:* Caminhos e impasses. Rio de Janeiro: E-Pappers, 2008, p. 37.
[6] Ferreira, Maria Nazareth. *O impasse da comunicação sindical: de processo interativo à transmissora de mensagens.* São Paulo: Cebela, 1995.

em razão da delimitação deste estudo, que se dirige à conjuntura sociopolítica dos anos 1980 em diante. De todo modo, é necessário mencionar o ascenso organizativo do movimento sindical brasileiro, com base nos estudos de sociologia do trabalho e de história política recente, que se tornou um marco do chamado novo sindicalismo. Um ponto de inflexão é observado no momento em que eclodem as greves, sobretudo no ABC paulista, quando o movimento operário constrói dimensões comunicativas inovadoras, e, em destaque, sua imprensa sindical. Aqui se verifica uma significativa alteração qualitativa na forma e conteúdo, e, inclusive, nos modos de veiculação, periodicidade e alcance: os suplementos diários, distribuídos a partir dos sindicatos, em porta de fábrica, de mão em mão. Isso se verifica, como exemplo, no exame da pesquisa junto ao *Tribuna Metalúrgica*, jornal do Sindicato dos Metalúrgicos de São Bernardo do Campo e Diadema (SP), circulando a partir de 1979 com uma tiragem que varia entre 20 e 30 mil exemplares. Também em São Paulo, o Sindicato dos Bancários, ligados à Central Única dos Trabalhadores (CUT), mantém um jornal com circulação diária aos milhares de exemplares.

Como breve exame comparativo, para aquilatar a força da palavra impressa como potencializadora da ação sindical, veja-se que nos dias de hoje os jornais diários que circulam em Fortaleza e no estado do Ceara têm em média 30 mil exemplares por dia. Vale salientar que esses jornais, circunscritos ao campo da mídia empresarial, têm por natureza e características o suporte da publicidade e dos interesses econômicos associados, além do feitio empresarial, o que inclui uma rede de assinantes, propaganda, promoções pontuais visando o aumento de circulação e rede de distribuição. Já a imprensa sindical alcançava essa tiragem baseada no esforço coletivo de seus organismos dirigentes, comissões de fábrica e no forte conteúdo mobilizador de uma militância que se aglutina a partir do seu sindicato e se coesiona nas comissões de mobilização, no fundo de greve e em outros mecanismos de organização verificados no período.

No âmbito dos movimentos progressistas de base popular, organizados no interior das pastorais sociais da Igreja católica e impregnados do espírito da teologia da Libertação, observa-se também um vasto esforço no campo da comunicação popular, extrapolando um fazer jornalístico específico e alargando seu escopo em direção ao trabalho pastoral de educação popular, amplamente realizado por meio das Comunidades Eclesiais de Base (CEBs). Os jornaizinhos, muitas vezes escritos à mão ou mimeografados, eram os mais comuns instrumentos das Pastorais Sociais que atuavam, principalmente, no campo e na periferia das cidades.[7]

Alargando seu alcance, do exclusivo urbano ao campo, essa comunicação não adota a prevalência do impresso como veículo de comunicação popular, utilizando em vários casos a comunicação radiofônica e as recentes conquistas dos meios audiovisuais.

Em um grande número de experiências de comunicação popular dos anos 1980, nos vários suportes utilizados, percebem-se alguns traços marcantes. Um deles é a luta por liberdade de expressão e democratização dos meios de comunicação, consequência do contexto da ditadura militar, quando tantas experiências de comunicação foram destruídas pela força da repressão. Interessante observar que as pesquisas historiográficas têm recuperado um rico manancial de fontes para o estudo do período, principalmente junto aos processos instaurados desde o DOPS, entre outros, onde se verifica grande quantidade de impressos apensos aos processos, como prova material daquilo que a ditadura e seus

---

[7] Peruzzo, Cicillia M. Kroling. "Movimentos sociais, cidadania e o direito à comunicação comunitária nas políticas públicas". *In:* Fuser, Bruno (org.). *Comunicação para a cidadania*: caminhos e impasses. Rio de Janeiro: E-Pappers, 2008.

órgãos de repressão configuram como crimes de subversão e contra a segurança nacional, o marco ideológico do período. Outro traço marcante nessas experiências de comunicação popular é a dimensão política dos conteúdos produzidos e disseminados, cujo argumento da qualidade técnica ou gráfica não tinha prioridade. Isso não significa que não estivessem presentes elementos significativos e inovadores do ponto de vista editorial, apenas parece que o fetiche da tecnologia não se sobrepunha ao argumento do conteúdo em sua carga simbólica politizada.

A década de 1990 apresenta mudanças significativas nessa caminhada dos movimentos sociais, quando ainda há pouco pareciam tão próximos de participar de um projeto popular no Brasil. A globalização dos mercados, a financeirização da economia e o avanço tecnológico, inclusive no campo das comunicações, geram impactos drásticos no mundo do trabalho. As indústrias demitem grandes quantidades de operários que não são absorvidos em outros setores produtivos. Aumenta a massa dos desempregados e cresce o subemprego, a precarização, o trabalho dito informal. Adquire larga proporção a pratica continuada de trabalho escravo, no limite da carga de exploração e negação de mínimos direitos sociais e trabalhistas. Os tempos neoliberais, largo receituário internacional de efeito draconiano na economia e na política, alcança o mundo do trabalho e suas organizações de modo devastador. A diferença abissal entre pobres e ricos é evidente, como consequência também do aumento da concentração da terra, do poder e da riqueza.

Neste período, também, há a emergência das organizações não governamentais (ONGs), atuando em distintas áreas da vida social e, muitas vezes, assumindo o papel do Estado, que se retira progressivamente de sua função no campo da proteção social, cumprindo uma das diretivas do aludido receituário neoliberal, em seu programa do "Estado Mínimo". Embora não se amplie aqui o espaço de análise, o tema se destaca, em razão da atividade de ONGs também em projetos ligados à comunicação. Em muitas ocasiões, essas organizações voltam sua ação preferencialmente ao argumento técnico, de inovação no desenho gráfico, não parecendo ser o conteúdo e as experiências de sujeitos populares e comunitários a principal pauta de reflexão nos temas abordados nos diversos experimentos em jornais, rádios, *sites*, entre outros mecanismos de comunicação.

Quanto mais definido estiver o público-alvo da comunicação popular, maiores são as chances de se produzir um material que atinja seus objetivos. Ou seja, dificilmente um mesmo argumento de comunicação vai cumprir seu papel para públicos muito diferentes, e com intencionalidades distintas.

No entanto, quando o assunto é pautar a comunicação na dinâmica organizativa do movimento social e popular, com vistas ao estabelecimento de uma política de comunicação efetiva, e mesmo investir recursos e esforços para a realização de produções comunicativas, tem-se verificado que a disposição e a convicção não são as mesmas. Constantemente, a comunicação acontece de maneira espontânea, podendo, inclusive, comprometer a conquista dos objetivos propostos pelas mais diversas ações políticas dos movimentos.

Contudo, se percebe no Movimento Sem Terra a construção de uma política de comunicação cujo foco é a simultânea construção de seus próprios veículos. A importância do estabelecimento dessa política para os movimentos sociais se deve ao fato de que a comunicação deve ser compreendida como parte do projeto político da organização, vista como um instrumento na luta por reivindicações específicas e gerais e mesmo pela incorporação de uma noção ampliada e contemporânea de direitos fundamentais. No caso do MST, isso é evidente inclusive no alargamento da pauta de lutas pela Reforma Agrária, como se observa nesta pesquisa, quando da leitura dos documentos relativos aos seus Congressos, cujas Resoluções ampliam o raio de atuação e a compreensão da luta social em escala nacional e internacional. Para o caso da comunicação construída na trajetória do MST, é evidente a intenção articulada das dimensões organizativas, educativas e pedagógicas.

Cácia Cortez, da direção nacional do MST, afirma sobre a comunicação no Movimento que *"os principais aspectos são o caráter informativo da produção comunicativa e a comunicação no sentido de formar consciência, de construir novas interpretações"*.[8] Nesse sentido, a comunicação construída dentro da trajetória do MST combina o duplo objetivo de transmitir informações e de atuar como agente formador de sua base social.

Nesse processo, é significativo o dimensionamento acerca do papel dos trabalhadores na apropriação de seus instrumentos de comunicação, como afirmado por Cortez: "Os trabalhadores têm que ser os agentes desse processo de construção da comunicação. Eles têm que também ser os produtores da informação e da comunicação, não só a fonte".[9] Tal afirmação representa um constante desafio ao Setor de Comunicação do MST e ao Movimento em seu conjunto.

Ainda que este estudo não se volte às diversas formas de comunicação do MST, é necessário destacar alguns elementos de significação vistos ao longo da pesquisa. Aqui me refiro ao teatro, também visto pelo MST como forma de comunicação. A Brigada Nacional de Teatro Patativa do Assaré é evidência deste esforço de aliar à palavra impressa e falada os argumentos da dramaturgia, um modo também de voltar-se à recuperação de determinadas matrizes da cultura popular no Brasil.

---

[8] Cácia Cortez em entrevista ao *Jornal Sem Terra,* em junho de 2008.
[9] Cortez, Cácia. "A Política de comunicação como fator de organização e mobilização dos movimentos sociais e populares". *In:* Mendonça, Maria Luísa Martins de. *Mídia e Diversidade Cultural*: experiências e reflexões. Brasília: Casa das Musas, 2009.

Cartazes, marchas, exposições, palestras e debates nas escolas, músicas, propagandas, fotografia, artesanato, teatro, danças, filmes, encontros, festas, vendas de produtos da reforma agrária também são formas de comunicação utilizadas comumente. Em muitas ocasiões, manifestações desse tipo e formato tentam construir e ampliar seu diálogo com a sociedade.

No campo da cultura musical percebe-se que, ao mesmo tempo que possibilita a alegria e celebração coletiva, também propicia o fortalecimento da identidade como sujeito social coletivo, pela autoidentificação e internalização das mensagens das letras e das melodias. O recurso comunicativo dos hinos e das canções de luta aparece em quase todos os momentos organizativos do MST, estabelecendo como que uma marca de sua cultura associativa. Desde as ocupações de terra, passando por assembleias em órgãos públicos, marchas, atos públicos ou internos, parecem ser as escolas do movimento os lugares de significativa aprendizagem da luta cantada. Ali, as canções e hinos são aprendidos e cantados pelas crianças desde muito cedo, atuando também como um instrumento de propagação dos ideais do movimento. Percebe-se ainda uma intencionalidade pedagógica na poesia cantada, observando o seguinte trecho da canção "A Educação do Campo", de Gilvan Santos:

> Dessa história
> Nós somos os sujeitos
> Lutamos pela vida
> Pelo que é de direito
> As nossas marcas
> Se espalham pelo chão
> A nossa escola ela vem do coração.[10]

Os poemas "em forma de canção" se referem muitas vezes à dura realidade vivida pelos homens e mulheres do campo e

---

[10] MST. *Cartilha Cantares da Educação do Campo*. Setor de Educação, 2006.

seus versos simples, em tom político, soam como um grito de protesto contra tantas e tão seculares formas de opressão. Os poemas e canções difundem também a crença na educação como forma de superar o quadro de desigualdade e injustiça social. Um exemplo é da lavra poética de Zé Pinto, "Para Soletrar a Liberdade", quando canta: "Alternativa pra empregar conhecimento/o Movimento já mostrou para a nação /desafiando dentro dos assentamentos/Reforma Agrária também na Educação".[11]

Devido a características peculiares, o rádio é considerado o meio de comunicação de massa mais popular e com maior alcance de público. O rádio consegue chegar até as regiões mais longínquas do país, muitas vezes desconsideradas na geografia da comunicação corporativa. Como se vê, regiões que se encontram geográfica, cultural e economicamente distantes ou em descompasso com a lógica de comunicação dirigida aos grandes centros, ou ao mercado, são consideradas inviáveis.

No caso do MST, o uso da comunicação radiofônica se observa desde seus primeiros momentos organizativos. Já em 1987 e 1988, havia um programa de alcance nacional, que ia ao ar toda semana, na Rádio Aparecida, em São Paulo, no horário do amanhecer. Por ser um veículo de comunicação rápida e que chega a um público ampliado, ao mesmo tempo, este meio também pode ser utilizado em diversos estados, por meio da aquisição de espaços em rádios comerciais, veiculando programas produzidos no âmbito do MST.

Ampliando o raio de difusão radiofônica, o programa "Vozes da Terra" é exemplo desta experiência comunicativa no MST:

> Agora também estamos produzindo o programa de rádio Vozes da Terra, que é distribuído todo mês para rádios do MST, católicas,

---

[11] *Ibid.*

universitárias, comunitárias e algumas comerciais de todo o país. Ao todo, são mais de 2 mil rádios que recebem o nosso material.[12]

Quase todas as rádios localizadas nos assentamentos e acampamentos ligados ao MST não possuem concessões. Atuam como rádios livres comunitárias. Romper com o atual sistema de comunicação, cujos veículos servem aos interesses privados ou do Estado, parece ser o caminho daqueles que lutam de maneira mais direta pela democratização da comunicação, pois percebem os limites da luta institucional ou da democracia representativa.

Segundo José Arbex Jr., as rádios livres e comunitárias deveriam representar um campo de construção de contra-hegemonia no país, assim como um espaço para a formação de cidadania.[13] Segundo o autor, na América Latina, as rádios livres se multiplicaram principalmente nas décadas de 1960 e 1970, no período dos regimes autoritários. A Rádio Rebelde, criada na Revolução Cubana, e a Rádio Venceremos, da Revolução Sandinista da Nicarágua, são exemplos pioneiros. A primeira experiência de rádio livre que se tem registro no Brasil é a da Rádio Paranoica, de Vitória, no Espírito Santo, em 1970.[14]

No MST, entre as linhas políticas reafirmadas em seu Quinto Congresso Nacional está a democratização da comunicação, e entre os instrumentos, as rádios livres e comunitárias têm destaque.[15] Uma equipe de comunicação organizada nacionalmente é responsável por articular o trabalho com os estados e garantir a edição do *Jornal*, do *site*, do programa *Vozes da Terra* e ainda da assessoria de imprensa.

---

[12] MST. *Cartilha Construindo o Caminho*. Brasília, 2001.
[13] Arbex Jr., José. *apud Revista Sem Terra*, abril de 2001, p. 67.
[14] Id. Ibid.
[15] MST. Carta do V Congresso Nacional do MST – "Linhas políticas".

Como parte do planejamento do setor de comunicação do MST, em determinados momentos é definido um tema unificador de reportagens produzidas em vários estados. Essas reportagens estão articuladas à agenda das lutas e ao calendário de mobilizações e jornadas encaminhadas pelo Movimento e disponibilizadas no sítio da internet sob o conteúdo geral de *Especiais*. Em destaque, as Mulheres em Luta, a discussão sobre os Transgênicos e o Agronegócio, o papel da Educação e a Jornada Nacional de Lutas dos Sem Terrinha 2009. Naquele ano, o tema da Jornada foi "Viva as Crianças Sem Terrinha! Por Escola, Terra e Dignidade!".

Ainda neste breve esforço de apresentação do *site* do MST, observa-se o lugar da solidariedade internacional, no *Amigos do MST no exterior*, possível de conexão a entidades de apoio em nove países. Encontram-se também disponíveis os *sites* recomendados, entre eles, do jornal *Brasil de Fato* e da Agência Notícias do Planalto, demonstrando assim o esforço articulado de um projeto de comunicação popular no Brasil.

No ano de 2013, uma nova seção foi criada no *site*: Sem Terrinha. Elementos lúdicos, traços infantis e cores fortes marcam o desenho da página que é destinada às crianças Sem Terrinha. Lá estão disponíveis os *Jornais* e as *Revista Sem Terrinha*; músicas, desenhos, cartas, jogos, onde as crianças são convidadas a ler e a interagir. Há ainda, de modo permanente, sugestões de leituras para os Sem Terrinha e também para os educadores.

Os cadernos de desenhos e redações produzidos a partir dos concursos nacionais também estão todos disponíveis na página dos Sem Terrinha, além de fotos e vídeos das Jornadas de Lutas e Encontros das crianças. Indicações de outros sítios com conteúdos infantis também têm lugar, entre eles: Povos indígenas do Brasil Mirim, Portal Cultura Infância, Palavra Cantada, Grupo Emcantar e O Menino Maluquinho. Na página, temos a informação de que ela é elaborada coletivamente pelos setores de Educação, cultura, comunicação e juventude do MST. Situamos essa página como mais um esforço do Movimento Sem Terra nas tarefas de educação e formação das crianças Sem Terrinha.

Da consulta ao sítio dos Sem Terrinha, informações sobre a construção de identidade baseada na origem social, na geração, no pertencimento, "conferindo à luta um jeito de infância":

> As crianças Sem Terrinha são meninas e meninos que têm na sua formação a identidade da classe trabalhadora, são filhos e filhas da luta que inspiram o próprio Movimento. As Jornadas dos Sem Terrinha, realizadas desde 1996, integram as jornadas nacionais de lutas do MST e têm se constituído em um importante espaço de visibilidade à realidade vivenciada pelas crianças acampadas e assentadas. São também momentos que as colocam, em primeira instância, como as condutoras das ações realizadas, conferindo à luta um 'jeito de infância'.[16]

Esta luta com jeito de infância é apresentada como vivida nos Encontros dos Sem Terrinha, mobilizadora das sensibilidades das crianças para a luta por escolas e pelo direito de ser reconhecido como sujeito de sua própria história.[17]

A infância no Jornal Sem Terra

No escopo das fontes que compõem o *corpus* documental deste trabalho, destacamos o *Jornal Sem Terra*, uma publicação de mais de 30 anos de existência e parte essencial do projeto de comunicação e formação do MST. O *Jornal Sem Terra* discute temas relevantes para os movimentos sociais e, a partir desses temas, reflete sobre a realidade social, econômica e política brasileira. O jornal também traz as dimensões do fortalecimento

---

[16] MST. Sem Terrinha.
[17] Pereira, Simone Silva. *A formação:* um passo na construção da identidade dos Sem Terrinha. Monografia. Veranópolis: Escola Josué de Castro, 1999.

identitário e da valorização da história do MST e da luta pela terra no Brasil.

Em uma primeira análise do periódico, percebemos que alguns elementos norteiam o discurso: a luta como incentivo à ação política dos leitores; o fortalecimento do MST como movimento social; a reforma agrária como bandeira principal do movimento; o camponês Sem Terra como sujeito; e o campo como território prioritário de ação. Por dentro desse discurso, para os fins a que se propõe este trabalho, trataremos neste tópico da infância Sem Terra, como afirmado na palavra impressa do *Jornal do Movimento*.

Situamos nossa reflexão sobre o *Jornal Sem Terra* a partir do referencial de Gramsci, que afirma que o Estado é formado por duas esferas complementares: a sociedade política e a sociedade civil. É na sociedade política que se dá o exercício de dominação, seja por força, violência e repressão física, seja simbólica. Já na sociedade civil, constroem-se as diversas relações de poder e se desenvolve o pensamento ideológico por meio de estruturas como a escola, a Igreja, os partidos políticos e os meios de comunicação. Os meios de comunicação da sociedade civil contribuem com a disputa de hegemonia. Segundo Carlos Nelson Coutinho, a sociedade civil, em Gramsci, é reconhecida como palco da história, um espaço em que se constroem e fortalecem os conflitos, onde se constrói e transforma a hegemonia.[18]

Antes de continuarmos nossa análise, uma observação é pertinente: a distinção feita pelo Movimento Sem Terra sobre os termos: sem-terra e Sem Terra. A primeira grafia com iniciais minúsculas e com hífen, que pode ser usada no singular ou no plural, é a designação de um grupo social que tem uma condi-

---

[18] Coutinho, Carlos Nelson. *Gramsci:* um estudo sobre seu pensamento político. Rio de Janeiro: Campus, 1992.

ção comum, não necessariamente vinculado a um movimento social específico. Nessa caracterização, são sem-terra: camponeses vinculados a vários movimentos sociais do campo como MAB, MMC, sindicalistas rurais, entre outros. Já a expressão Sem Terra, com iniciais maiúsculas e sem hífen, sempre no singular, refere-se à formação da identidade do grupo ligado, especificamente, ao MST.[19]

De acordo com Roseli Caldart, o MST nunca utilizou em seu nome nem o hífen nem o "s", o que historicamente acabou produzindo um nome próprio, *Sem Terra,* que é também sinal de uma identidade construída com autonomia. O uso social do nome já alterou a norma referente à flexão de número, sendo hoje já consagrada a expressão "são os Sem Terra".

> Uma explicação necessária é o uso da palavra Movimento, com maiúscula, para designar o MST. Essa palavra é usada também por conter ideias de mudança em continuidade, de ação, de transformação constante que evidentemente permeia um processo contínuo de identificação.[20]

Vivemos em uma sociedade sob hegemonia do capital a partir da imposição e reprodução também do discurso dominante. Frente a esse contexto, o *Jornal Sem Terra* se apresenta como expressão e registro do mundo social ao qual o MST está ligado. Traz-nos, além da expressão do discurso camponês, as dimensões de um vocabulário da classe trabalhadora. Mikhail Bakhtin, em seu trabalho *Marxismo e Filosofia da Linguagem,* afirma que as classes sociais vêem, sentem, interpretam e expressam o mundo de forma singular e contraditória por meio de vozes, acentos e linguagens singulares e contraditórias:

---

[19] Caldart, Roseli Salete. *Pedagogia do Movimento Sem Terra.* São Paulo: Expressão Popular, 2004.
[20] *Ibid.*

Portanto, a sufocação dos timbres, das vozes e das línguas dos oprimidos é condição essencial para a manutenção da hegemonia dos opressores. Um processo que se impõe plenamente a partir da universalização da visão alienada da língua como fenômeno natural e universal e não social e singular. Para Bakhtin, há liberdade apenas quando abandonamos a voz dos outros, para assumirmos a nossa expressão natural e necessária de nossas sociedades.[21]

A língua, a linguagem e seus meios de expressão, as palavras e os discursos tornam-se também espaços de luta de classes, de disputa de hegemonia. Para o MST, o *Jornal Sem Terra* é uma dessas formas de expressão assim como lugar de interpretação da realidade. É a partir desses referenciais que situamos o *Jornal Sem Terra*, como instrumento da comunicação contra-hegemônica, que atua na sociedade fazendo a *"batalha das ideias"*.

Como visto no capítulo anterior, desde a ocupação da Encruzilhada Natalino, no Rio Grande do Sul, o argumento da comunicação como parte da luta é expresso no *Boletim Sem Terra*. Datilografado debaixo das lonas pretas da ocupação e mimeografado em Porto Alegre, adquiriu periodicidade quinzenal e tiragem de mil exemplares, atingindo a circulação de 5 mil exemplares mensais em 1983, com algumas mudanças no padrão gráfico.

Por conta da ditadura com sua Lei de Segurança Nacional, que vigorava até 1983, nenhuma matéria foi assinada no *Boletim*, prevalecendo sobre os escritos a responsabilidade coletiva e compartilhada entre as famílias acampadas e as organizações de apoio.

> Além da função comunicativa que permitiu a troca de experiências e apoios, no boletim constituíram-se representações – por parte dos grupos envolvidos com a produção da notícia – do que era ser *sem-terra* e do cenário político brasileiro.[22]

---

[21] Carboni, Florence; Maestri, Mario. *A linguagem escravizada:* língua, história, poder e luta de classes. São Paulo: Expressão Popular, 2012.

[22] Perli, Fernando. *Sem Terra:* de boletim a tabloide, um estudo do Jornal dos Trabalhadores Rurais Sem Terra entre a solidariedade e a representação

O *Boletim*, como instrumento de expressão da solidariedade às famílias acampadas, tinha o intuito de propagar e ampliar o conteúdo social de suas lutas. "Num sentido geral, no ano de 1981, o conteúdo do boletim baseou-se na divulgação de formas para os leitores apoiarem a luta".[23] Na seção *Solidariedade*, veiculavam-se os apoios, as doações, as visitas e as muitas cartas recebidas, de entidades e trabalhadores que se identificavam com a luta. As cartas eram um elemento aglutinador dos trabalhadores rurais, simbolizando a rede de apoio e a ampliação da luta em outros Estados. Muitas cartas eram selecionadas, e aquelas que possuíam uma mensagem coletiva integravam a seção.

Em 1984, nasce o *Jornal Sem Terra*, logo em seguida à realização do Encontro Nacional de onde se deliberaria a criação do próprio MST. A partir de 1985, com a instalação da Secretaria Nacional do MST, em São Paulo, é editado na capital paulista. Segundo a publicação do MST, *Construindo o caminho*,[24] o jornal atuou como organizador do próprio movimento e se construiu na qualidade de instrumento interno de formação e informação, tecendo elos junto à sociedade, ampliando assim os prováveis aliados na luta por Reforma Agrária, como luta de todo o país.[25]

Ainda de acordo com a publicação, o *Jornal Sem Terra* intenta promover a unidade ideológica do Movimento, contribuindo para uma visão global da luta de classes, enriquecendo os conhecimentos sobre os diversos níveis da realidade brasileira e alimentando os conteúdos da mística, baseada na ideia de luta e transformação social. A intenção pedagógica do jornal é eviden-

---

(1983-1987). Tese (Doutorado em História) – Universidade Estadual Paulista, Assis, 2002.
[23] *Ibid*.
[24] MST. *Construindo o caminho numa escola de acampamento do MST*. 2000. (Coleção Fazendo Escola).
[25] MST.

te; sendo talvez, entre os vários instrumentos de comunicação do Movimento, sua melhor expressão do caráter educativo-formador como pressuposto de comunicação.

> O *Jornal Sem Terra* (JST) surgiu com o objetivo de ser um instrumento de formação e agitação, capaz de estimular a unidade ideológica, a visão global da luta, propiciar conhecimentos sobre realidade brasileira, reforçar organizações aliadas e alimentar a mística revolucionária.[26]

O *Jornal Sem Terra* é parte da trajetória de mobilizações e lutas pela Reforma Agrária e atua também como porta-voz do Movimento. Em 1986, ganhou o Prêmio Vladimir Herzog de Direitos Humanos, do Sindicato dos Jornalistas Profissionais do Estado de São Paulo. Há 31 anos, é publicado ininterruptamente. Em sua característica e vinculação à luta pela Reforma Agrária, pode-se afirmar que é o periódico de maior longevidade na história dos movimentos camponeses no Brasil.

Acerca da trajetória do *Jornal Sem Terra*, Noeli Valentina Weschenfelder observa alguns elementos desde o início de sua veiculação, destacando sua estratégia discursiva, ou seja, os circuitos de produção e difusão do impresso:

> [...] O jornal conta a história do Movimento e as estratégias discursivas falam das e para as pessoas que estão participando do mesmo, muitos se percebem nas páginas do jornal, em entrevistas, reportagens e fotografias.[27]

Atualmente, o jornal continua sendo impresso e distribuído a partir de São Paulo; conta com uma tiragem de 20 mil exemplares, com 16 páginas coloridas. A publicação é produzida pelo Setor de Comunicação do MST, que conta com jornalistas militantes de vários estados do país. Agrega também colaboradores

---

[26] MST, *op. cit.*
[27] Maria, Noemi Antonio; Weschenfelder, Noeli Valentina. *Pedagogia cultural do Movimento Sem Terra com relação à infância*. Ijuí: Unijuí/UFRGS, 2009, p. 2.

que apoiam o Movimento, entre eles, professores universitários, jornalistas, escritores e militantes sociais da América Latina. A distribuição é realizada nos acampamentos e assentamentos do MST e de outras organizações, além dos assinantes.

Ao pesquisador, o *Jornal Sem Terra* se apresenta como um acervo documental, no qual se destacam elementos do cotidiano das lutas, enfrentamentos, resistências e conquistas, possibilitando a análise e reflexão sobre a criança nesse cotidiano de lutas.

Com destaque para o mês de outubro, quando acontecem as Jornadas Nacionais de Luta dos Sem Terrinha, geralmente, a edição subsequente traz rica memória dos encontros e mobilizações na semana do 12 de Outubro, reelaborando assim o significado do Dia das Crianças. Afora essa data específica, pautas relacionadas à educação também têm, constantemente, a criança e o adolescente como sujeitos centrais.

Da observação e análise do jornal, percebemos que, atualmente, ele conta com seções fixas: "Editorial", "Palavra do Leitor" e "Frase do Mês" (página 2), "Estudo" (página 3), "Entrevista" (página 4 e 5), "Estados" (páginas 6 e 7), "Especial" (páginas 8 e 9), "Realidade Brasileira" (páginas 10 e 11), "Internacional" (página 12), "Lutadores do Povo" (página 13), "Literatura" (página 14) e "Balaio" (página 15). Algumas destas seções vêm-se mantendo desde o início de sua publicação, e outras sendo transformadas e incorporadas.

A seção "Editorial" é assinada pela Direção Nacional do MST e traz a perspectiva do Movimento sobre questões centrais da conjuntura.

A seção "Palavra do Leitor" traz, a cada edição, trechos de cartas de leitores em apoio às ações do MST. Já a "Frase do Mês" traz uma afirmação na perspectiva de "personalidades públicas das artes, da cultura, do universo acadêmico, entre outras".

As páginas de "Estudo" remetem ao aprofundamento de questões abordadas no processo de formação dos militantes. A seção se constitui de vasto material, repercutindo os campos temáticos em disputa nas diversas conjunturas. Como exemplo, a edição de janeiro de 2007 aborda o tema dos alimentos transgênicos e a edição de dezembro do mesmo ano trabalha o tema do agronegócio, em um texto assinado por João Pedro Stedile. Como se vê, a seção "Estudo" retira sua matéria dos enfrentamentos que a conjuntura impõe e, ao mesmo tempo, realiza um contradiscurso.

A seção "Entrevista", com breve texto de abertura, apresenta o entrevistado e o tema central. Uma das primeiras entrevistas dessa seção foi a de Leonardo Boff, teólogo da libertação e, nessa altura, ainda frei franciscano. Essa entrevista foi realizada na ocupação da Fazenda Annoni, logo após uma marcha. Boff aparece na fotografia com Marco Tiaraju em seus braços.[28]

Já na seção "Balaio" aparecem notícias das ações do MST em diferentes partes do país, como marchas, encontros, assembleias, comemorações, ocupações, festas e outras atividades. As mobilizações também são as temáticas mais frequentes da seção "Especial", com destaque para as fotografias, como registro específico da luta social.

Sempre na penúltima página, a seção "Balaio" reúne várias notas sobre datas e fatos significativos aos movimentos sociais, poemas, movimento editorial, ações do movimento, filmes e músicas.

A seção "Internacional" apresenta pautas conectadas à África, América Latina e Oriente Médio. Nas matérias, é evidente o esforço de contextualização histórica e social face às realidades em destaque no material jornalístico. A seção "Lutadores do Povo" é marcada pela intenção pedagógica de atualização da memória, realizando o vínculo entre a vida e os ideários de luta social.

---

[28] *Jornal Sem Terra*, jul. 1987.

"Literatura" é uma seção em que, geralmente, evidenciam-se nomes reconhecidos da literatura brasileira, destacando na construção textual os vínculos entre a obra literária e as lutas sociais do período. A página traz também trechos das obras dos autores em questão.

Com o título "Mulher do povo, mãe de filhos: Adélia", retirado de uma das poesias da escritora Adélia Prado, Joana Tavares fala sobre a poetisa mineira, que escreve desde os anos 1970. Segundo o texto, Adélia interpreta em verso a realidade que a cerca: "Sua obra gira em torno de pequenos acontecimentos, pensamentos, fatos e sensações, de maneira a constituírem, de dentro para fora, o imenso universo à sua volta".[29] No poema "Grande Desejo", de Adélia Prado, o tema é ela mesma:

> Não sou matrona, mãe dos Gracos, Cornélia,
> Sou é mulher do povo, mãe de filhos, Adélia.
> Faço comida e como.
> Aos domingos bato o osso no prato pra
> Chamar o cachorro
> E atiro os restos.
> Quando dói, grito ai,
> Quando é bom, fico bruta,
> As sensibilidades sem governo.
> Mas tenho meus prantos,
> Claridades atrás do meu estômago humilde
> E fortíssima voz pra cânticos de festa.
> Quando escrever o livro com meu nome
> E o nome que eu vou pôr nele, vou com
> Ele a uma igreja,
> A uma lápide, a um descampado,
> Para chorar, chorar e chorar
> Requintada e esquisita como uma dama.[30]

---

[29] *Jornal Sem Terra*, abr. 2010.
[30] Prado, Adélia. "Grande desejo", *apud Jornal Sem Terra*, abr. 2010.

Em 2010, comemorava-se o centenário de nascimento da escritora cearense Rachel de Queiroz. Em setembro, então, a página "Literatura" do *Jornal Sem Terra* foi dedicada a ela:

> Chico Bento tirou do cinto a faca, que de tão velha e tão gasta nunca achara quem lhe desse um tostão por ela. Abriu no animal um corte que foi de debaixo da boca até separar ao meio o úbere branco de tetas secas, escorridas. Rapidamente iniciou a esfolação. A faca afiada corria entre a carne e o couro, e, na pressa, arrancava aqui pedaços de lombo, afinava ali a pele, deixando-a quase transparente. Mas Chico Bento cortava, cortava sempre, com um movimento febril de mãos, enquanto o Pedro, comovido e ansioso, ia segurando o couro descarnado. Afinal, toda a pele destacada, estirou-se no chão. E o vaqueiro, batendo com o cacete no cabo da faca, abriu ao meio a criação morta. Mas Pedro, que fitava a estrada, o interrompeu: – Olha Pai! Um homem de mescla azul vinha para eles em grandes passadas. Agitava os braços em fúria, aos berros: – Cachorro! Ladrão! Matar minha cabrinha! Desgraçado! Chico Bento, tonto, desnorteado, deixou a faca cair e, ainda de cócoras, tartamudeava explicações confusas. O homem avançou, arrebatou-lhe a cabra e procurou enrolá-la no couro. [...] E lhe veio agudamente a lembrança Cordulina exânime na pedra da estrada... o Duquinha tão morto que já nem chorava... Caindo quase de joelhos, com os olhos vermelhos cheios de lágrimas que lhe corriam pela face áspera, suplicou, de mãos juntas: – Meu senhor, pelo amor de Deus! Me deixe um pedaço de carne, um tanquinho ao menos, que dê um caldo para a mulher mais os meninos! Foi pra eles que eu matei! Já caíram com a fome!... – Não dou nada! Ladrão! Sem-vergonha! Cabra sem-vergonha! A energia abatida do vaqueiro não se estimulou nem mesmo diante daquela palavra. Antes se abateu mais, e ele ficou na mesma atitude de súplica. [...] A faca brilhava no chão, ainda ensaguentada, e atraiu os olhos de Chico Bento. Veio-lhe um ímpeto de brandi-la e ir disputar a presa, mas foi ímpeto confuso e rápido. Ao gesto de estender a mão, faltou-lhe o ânimo.[31]

O romance que conta em paralelo a história da normalista Conceição e da família de Chico Bento põe em relevo duas rea-

---

[31] Queiroz, Rachel. "Raquel de Queiroz: entre o campo e a cidade". *apud Jornal Sem Terra*, set. 2010.

lidades distintas frente à seca de 1915, no Ceará. A migração para a cidade aparece como refúgio para Conceição e sua avó e como condenação para Bento e sua família.

> Em *O Quinze*, Rachel de Queiroz consegue, portanto, por meio da forma literária, evidenciar as conexões entre o campo e a cidade, o capital e a terra, e mostra que, ao contrário do que supõe o senso comum, o problema da seca não é meramente uma questão natural, mas sim política e econômica – em suma, uma questão de classe.[32]

Desde o início da publicação, a contracapa do *Jornal* destaca uma imagem relacionada, geralmente, a uma das campanhas do MST, como a campanha contra o uso de agrotóxicos, contra a criminalização dos movimentos sociais, pela educação do campo, entre outras. Também estampam a página mobilizações de caráter nacional, a divulgação dos produtos da Reforma Agrária, e o destaque às publicações editadas pelo Movimento ou de editoras do campo da esquerda.

As matérias e textos são, em sua maioria, assinadas por militantes do MST, expressando a orientação dos diversos setores: Direitos Humanos, Comunicação, Coordenação Nacional, Coletivo de Cultura, entre outros. Outros conjuntos de matérias são de elaboração de intelectuais ou militantes de outras organizações políticas.

Um reconhecido historiador francês, Philip Ariès, nos alerta para que não se confunda sentimento de infância com afeição pelas crianças, pois as mais diversas manifestações de afeto estavam presentes nas sociedades antigas. O autor se refere a um sentimento de infância que "corresponde à consciência da particularidade infantil, essa particularidade que distingue essencialmente a criança do adulto, mesmo jovem", criando um universo de sociabilidade próprio para ela. O pesquisador, que em sua

---

[32] Arnt, Gustavo. "Rachel de Queiroz: entre o campo e a cidade". *apud Jornal Sem Terra*, set. 2010.

principal obra, *História social da criança e da família*, mostra como a iconografia representava a criança na família, afirma que a arte medieval, até por volta do século XII, não conhecia a infância ou não a representava. Para Ariès, isso não significava falta de habilidade dos pintores da época, mas sim uma falta de lugar para a infância nesse mundo. A infância nos séculos X e XI era vivenciada sem se prender a interesses colocados como importantes na vida das pessoas; de acordo com o historiador, "a infância era um período de transição, logo ultrapassado, e cuja lembrança também era logo perdida".[33]

No século XIII, observam-se representações sobre a infância que se aproximam do sentimento moderno de infância. O primeiro tipo consiste na representação da criança como um anjo. O segundo seria o modelo do menino Jesus e de Nossa Senhora para as meninas. O terceiro tipo retrata a criança nua, que no contexto remetia à pureza e à inocência. A partir dessa análise, a infância começa a ser "descoberta" no século XIII, mas os sinais de seu desenvolvimento tornam-se numerosos a partir dos séculos XVI e XVII. O autor ainda ressalta que, apesar de a sociedade moderna, desde o século XV, caminhar no sentido da separação do mundo das crianças e dos adultos, em alguns grupos sociais o antigo modo de vida pode permanecer:

> As crianças do povo, os filhos dos camponeses e dos artesãos conservam o antigo modo de vida que não separa as crianças dos adultos, nem através do traje, nem através do trabalho, nem através dos jogos e brincadeiras.[34]

Segundo Ariès, tanto a família quanto a escola retiraram a criança da sociedade dos adultos. Por um lado, a escola "confi-

---

[33] Ariès, P. *História social da criança e da família*. Rio de Janeiro: Guanabara, 1978, p. 43.
[34] *Ibid.*, p. 67.

nou uma infância outrora livre num regime disciplinar cada vez mais rigoroso", e, por outro, a preocupação da família, da Igreja, dos moralistas e dos administradores com o rigor da educação da criança transformou a antiga indiferença a ela num "amor obsessivo que deveria dominar a sociedade a partir do século XVIII".[35]

"No pensamento ocidental, destacam-se as concepções sobre a infância vindas de Santo Agostinho e de Descartes":[36] ambos acreditavam que quantos antes saíssemos da condição de criança, melhor seria. Rosseau rompeu com a visão agostiniana e cartesiana na medida em que colocou o erro, a mentira e a corrupção como sendo frutos da incapacidade de julgar quem não pode mais beneficiar-se, nos seus julgamentos.

Com base na perspectiva da absorção pelo Estado do "sentimento de infância" no Brasil, no final do século XIX e, principalmente, no início do século XX, Jurandir Costa Freire afirma:

> [...] no momento de constituição do Estado nacional brasileiro, no início do processo de desenvolvimento econômico-urbano e de aguçamento das transformações nas relações sociais, [...] emergiu um sentimento até então inexpressivo: o sentimento de infância. A medicina social, mediante sua política higiênica, contribuiu de forma relevante com as transformações processadas no sentido de superar traços característicos da antiga sociedade colonial, destacando principalmente aquelas sucedidas na família colonial de elite, que conferiram a esta uma nova função social e uma nova distribuição de papéis entre seus membros.[37]

Além do papel da medicina social, o autor também chama a atenção para o lugar que a escola passa a ter, já no século XIX,

---

[35] *Ibid.*, p. 05.
[36] Maia, Graziele Vieira. "Abordagens sociológicas das infâncias", *apud* Reis, Magali *et al. Crianças e infâncias*: educação, conhecimento, cultura e sociedade. São Paulo: Annablume, 2012, p. 32.
[37] Costa, Jurandir Freire. "Ordem médica e norma familiar". Rio de Janeiro: Graal, 1979, *apud* Frontana, Isabel S. R. da Cunha. *Crianças e adolescentes nas ruas de São Paulo*. São Paulo: Loyola, 1999.

para a elite brasileira. Passou a caber à escola o papel de preparar as crianças para a sociedade e seu aperfeiçoamento físico, moral e intelectual. É também a partir de século XIX que a infância é um campo privilegiado para experiências e práticas escolares.[38] As técnicas de disciplinamento do corpo, da cabeça e do espírito davam a tônica. Tanto na escola como na família, instruir era sinônimo de disciplinar e moralizar. "Com o advento do capitalismo e a participação das mulheres no mercado de trabalho, no século XIX, é possível perceber frentes de luta em prol de serviços de atendimento à criança".[39]

Mirian Moreira Leite trabalha com a tese de que os estudos em torno da criança enquanto tal, independentemente das consequências do comportamento e das experiências infantis para a vida adulta, nasceram de necessidades práticas da escolarização universal que começou a ser implantada na Europa nos fins do século XIX e no início do século XX:

> Neste momento, torna-se cada vez mais intenso o movimento contra o trabalho infantil; torna-se também mais claro que as condições do trabalho numa sociedade industrializada exigem uma preparação formal. No entanto, no momento em que todas as crianças são levadas para a escola, surgem três problemas que ainda hoje constituem preocupações centrais de psicólogos e pedagogos: a inteligência, a aprendizagem e, de maneira mais ampla, o problema das diferenças individuais.[40]

Dessa forma, a infância tornou-se, ao longo desse processo, um universo específico, tratada em separado do mundo dos

---

[38] Schimdt, Maria Auxiliadora. "A concepção moderna de infância e os modos de ensinar história". *In: Em Tempo. História, Memória e Educação*. Fortaleza: Imprensa Universitária, 2008.

[39] Maia, Graziele Vieira. "Abordagens sociológicas das infâncias", *apud* Reis, Magali *et al. Crianças e infâncias*: educação, conhecimento, cultura e sociedade. São Paulo: Annablume, 2012.

[40] Leite, Mirian Moreira *apud* Frontana, Isabel S. R. da Cunha. *Crianças e adolescentes nas ruas de São Paulo*. São Paulo: Loyola, 1999.

adultos, comportando uma dupla perspectiva: de um lado, em razão de uma estratégia que incluiu a sociedade, para além da família, como agente de cuidado e de desenvolvimento da educação da criança, a infância converteu-se num dos sustentáculos da moral e da ordem do Estado moderno. De outro, a atenção especial a ela dispensada, despertando novos sentimentos, nova afetividade, elevou a criança à condição de sujeito – portador não apenas de deveres, mas também de direitos. Em particular, o direito garantido a seu pleno desenvolvimento.[41]

Atente-se para o fato de que tanto os escritos de Philipe Ariès como os de Freire Costa fazem referência às crianças de famílias de elite, europeias ou brasileiras. Para as famílias pobres, a presença do Estado demorou mais a chegar, ou sequer chegou: o acesso à medicina e à escola até hoje são desafios, em especial, para as famílias camponesas no interior do Brasil. Essa percepção pode indicar que nossa sociedade pode ser colocada *sob judice* pela maneira como se relaciona com as crianças pobres, como as educa e como as concebe.

A partir dos anos 1990, as diversas áreas de conhecimento acadêmico, os movimentos sociais e também parcelas do Estado incorporaram a temática da infância em suas agendas, o que provocou também a ampliação da produção científica sobre o tema. Contudo, ainda as crianças, mulheres, negros e indígenas e outros sujeitos sociais continuam sendo definidos no discurso como outros, diferentes destes. Negritude, feminino e infância são categorias que só vigem no espaço social em que são estabelecidas, negociadas, desestabilizadas e reconstruídas. Até que esperneiam, acham a voz, gritam, fazem barulho e, pouco a pouco, vão inver-

---

[41] Costa, Jurandir Freire. "Ordem médica e norma familiar". Rio de Janeiro: Graal, 1979, *apud* Frontana, Isabel S. R. da Cunha. *Crianças e adolescentes nas ruas de São Paulo*. São Paulo: Loyola, 1999.

tendo a posição nos discursos, daí passam a ser sujeitos falantes. De objeto passam a sujeito, ou melhor, passam a objeto e sujeito simultaneamente, adquirem essa possibilidade.[42]

Retomando Philip Ariès, partimos do pressuposto de que a infância é uma construção social referenciada em representações, princípios e práticas de socialização que se transformam historicamente e se diferenciam entre os diversos grupos sociais.[43] Por essa compreensão, pode-se perceber que os espaços e as formas de socialização das crianças Sem Terra apresentam particularidades. O trabalho na terra não é apenas uma condição social camponesa para prover os meios necessários a sua subsistência familiar, mas uma forma de gerar um modo de vida que se produz e se transmite entre as gerações.

Joel Orlando Bevilaqua Marin caracteriza o camponês como o trabalhador que se dedica à produção agrícola e/ou pecuária em pequenas extensões de terra, com ou sem a posse legal,[44] valendo-se da ajuda de sua família para produzir gêneros necessários ao consumo familiar, além de excedentes comercializáveis. O camponês e o campesinato são mais comumente estudados a partir do mundo do trabalho, porém outras perspectivas das relações que o constituem começam a participar dos estudos e pesquisas em curso.

A família camponesa produz bens materiais e simbólicos, uma visão de mundo própria, que se manifesta em seus saberes, tecnologias, artesanato, culinária, crenças, religiosidade, folclo-

---

[42] Marin, Joel Orlando Bevilaqua. "Infância camponesa: processos de socialização". *In*: Delma Pessanha Neves, Maria Aparecida de Moraes Silva (orgs.). *Processos de constituição e reprodução do campesinato no Brasil*: formas tuteladas da condição camponesa. São Paulo: Unesp; Brasília, DF: Núcleo de Estudos Agrários e Desenvolvimento rural, 2008. (História social do campesinato brasileiro).

[43] Ariès, P. *História social da criança e da família*. Rio de Janeiro: Guanabara, 1978.

[44] Marin, Joel Orlando Bevilaqua, *op. cit.*

re. E, como aqui se quer enfatizar, para o caso do camponês Sem Terra do MST, nos processos de socialização e de construção de identidade das novas gerações.

Neste trabalho, empreendemos o esforço do estudo específico sobre a infância camponesa Sem Terra. Isso requer análise das fontes sobre a organização das famílias Sem Terra, bem como das relações que estabelecem com os demais sujeitos sociais dos territórios aos quais pertencem. A reflexão sobre a identidade das crianças Sem Terra é também um esforço do MST, pautada em momentos diversos. Como exemplo, temos a realização da mesa redonda "Infância: identidade da criança Sem Terra", realizada na programação do I Seminário das Escolas Itinerantes, realizado em 2005, no Instituto de Educação Josué de Castro, em Veranópolis (RS). Também no Setor de Educação, a questão é matéria de permanente reflexão, como argumenta Marli Zimmerman:

Nesse ano discutimos com eles como é viver no assentamento, os valores que cultivamos, o que queremos com o assentamento. Enfim, o que é ser do MST. Trabalhamos bastante essa questão da identidade.[45]

A construção identitária das crianças que de "filhos de Sem Terra" passam a ter um nome e identidade própria, sintetizada como "Sem Terrinha", é um dos mecanismos identitários do Movimento. Mesmo que isso esteja ancorado ainda na visão de que a criança é o futuro do MST, é preciso forjar convicções desde a infância, o que se observa nos mecanismos de convívio coletivo e da experiência de uma pedagogia da militância no presente.

A identidade Sem Terrinha é trabalhada a partir de várias matrizes do conhecimento e também da dinâmica da vida social.

---

[45] Entrevista à edição de outubro de 2005 do *Jornal Sem Terra*.

Uma das maneiras é a valorização da cultura camponesa e da cultura popular que perpassam a infância desde algum tempo. Esses elementos são recuperados e, por vezes, ressignificados, como é o caso do Saci Pererê, que, no MST, entre os Sem Terrinha, é reconhecido como "guardião das matas e dos saberes populares".[46]

Desde 1981, ainda no *Boletim Sem Terra*, as crianças apareciam em suas páginas porque estavam, de fato, nos barracos de lona, junto a seus pais na luta pela terra. Sofreram as mais terríveis violências pelas mãos dos latifundiários e seus jagunços e nas ações truculentas da polícia. No *Jornal*, muitas dessas violências foram documentadas, esse era o tema mais recorrente em relação às crianças, durante a década de 1980.

Quando caminhamos em direção aos anos 1990, encontramos a educação como o principal assunto relativo à infância. Essa é uma temática frequente nas páginas do *Jornal*. Em meados dos anos 1990, junto à educação, vamos percebendo as crianças como sujeitos sociais da luta do MST. Começam os destaques tanto às mobilizações específicas das crianças Sem Terrinha e nas mais diversas atividades do Movimento, como os Congressos Infantis e Encontro dos Sem Terrinha.

A perspectiva das crianças como sujeitos de direitos no MST foi construída a partir da trajetória política do Movimento. Nos anos iniciais de organização, o mais comum eram as crianças representando a esperança no futuro, a imagem que sensibilizava. Foi assim com Marco Tiaraju, filho de Roseli Nunes, primeira criança nascida no acampamento da Fazenda Annoni; a própria criança representava o "marco" da luta.

As crianças que existem, moram, vivem, brincam e choram nos acampamentos do MST, desde o início de sua organização, são vítimas de intensa violência por parte do Estado brasileiro, personifica-

---

[46] *Jornal Sem Terra*, nov. e dez. 2007.

do, para elas, pela polícia e também pelos grandes latifundiários que se diziam donos das terras ocupadas pelas crianças e suas famílias.

A pauta da violência

Lamentações sobre a morte da pequena
Loivaci
A tristeza é lamentável
A sorte é traiçoeira
A morte não marca tempo
A vida é passageira
Mas eu peço ao Deus do céu
Que conduza a vida inteira
Os adultos abandonados
E as crianças brasileiras

É triste uma mãe ouvir
Um filho pedir comida
E ela não tendo que dar
Sua dor é dolorida

E vendo o filho sofrer
Isto queima a sua vida
Protegei-nos nesta hora
Ó Senhora Aparecida

Governo pense um pouco
Nessa nossa situação
Dai-nos terra para o trabalho
Pra não nos faltar o pão
Pois tendo todo o conforto
Os filhos não choram não
Coloque no pensamento
E veja neste momento
Que o pobre é que tem razão.[47]
Adelir

---

[47] *Boletim Sem Terra*, jun. 1981.

A história das crianças, no Brasil, é uma história de tragédias cotidianas e consecutivas: de crianças filhas de escravizados vendidas e separadas dos pais; do abandono de recém-nascidos na Roda dos Expostos; do trabalho infantil na lavoura, na cozinha ou no mercado informal; do recolhimento em instituições de "recuperação", enfim, uma história marcada por situações de violência contra crianças.[48]

A história da luta pela terra no Brasil é também a história das crianças nessa luta. A menina Loivaci Pinheiro, morta em 29 de maio de 1981, inspirou a composição desse lamento. Loivaci morreu de fome e frio em um hospital na cidade de Ronda Alta, a primeira criança morta no acampamento da Encruzilhada Natalino por falta de cuidados médicos e omissão do governo. O fato gerou revolta entre as 500 famílias acampadas, que também produziram muitos relatos sobre o caso para o *Boletim Sem Terra*. A cobertura do velório e do enterro da menina foi intensa, há uma fotografia emblemática em que várias crianças aparecem carregando cruzes de madeira no cortejo em direção ao cemitério. Ao fundo, centenas de acampados dão uma dimensão da união das famílias em torno dos problemas enfrentados.

---

[48] Sobre as temáticas citadas, consultar: Nascimento, Alcileide Cabral do. *A sorte dos enjeitados:* o combate ao infanticídio e a institucionalização da assistência às crianças abandonadas no Recife (1879-1832). Tese (Doutorado em Ciências Sociais) – Universidade Federal de Pernambuco, Recife, 2000; Valdez, Diane. *Filhos do pecado, moleques e curumins*: imagens da infância nas terras goyanas do século XIX. Dissertação (Mestrado em História) – Universidade Federal de Goiânia, Goiás, 1999; Freire, Jonis. *Batismo e compadrio em uma freguesia escravista:* Senhor Bom Jesus do Rio Pardo, MG (1838-1888). Dissertação (Mestrado em História) – Universidade Estadual Paulista, Assis, 2004; DOSSI, Ana Paulo. *Violência contra a criança:* formação, conhecimento, percepção e atitude de profissionais de saúde e educação. Tese (Doutorado em Saúde) – Universidade Estadual Paulista, São Paulo, 2009; Custódio, André Viana. *A exploração do trabalho infantil doméstico no Brasil Contemporâneo*: limites e perspectivas para sua erradicação. Tese (Doutorado em Direito) – Universidade Federal de Santa Catarina, Florianópolis: 2006.

Outras pequenas Loivaci foram assassinadas nos acampamentos do Brasil, neste período. Mortas de fome, frio, pancada, tiro. Assassinadas pela violência e omissão do Estado, pela falta de assistência, pelo descaso da sociedade, como atesta aqui o *Jornal sem Terra*:

> Nos sete acampamentos [em São Paulo], os lavradores sofrem com o forte calor que penetra nos precários barracos de lona, bambu e capim. Por causa do calor, um lavrador morreu no acampamento de Planalto Sul (435 famílias), em *Teodoro Sampaio*. E por causa da desidratação, uma criança morreu no acampamento de Santa Rita (750 famílias), também em *Teodoro Sampaio*. Quanto à comida, o pessoal se vira como pode: coletas, pedágios nas estradas e campanhas feitas com o apoio da Igreja.[49] (grifos originais)

E arriscamo-nos a dizer que as mortes de todas elas foram noticiadas, comentadas e refletidas pelo *Jornal Sem Terra*. Não se naturalizou a morte e a violência, estas continuaram a ser choradas e também a despertar a indignação. A maioria das mortes foi velada nas ruas, num ritual em que o luto é luta.

Três meses após a morte de Loivaci, em agosto de 1981, o *Boletim Sem Terra* noticiou a morte de três crianças no acampamento da Encruzilhada Natalino. A notícia apela às autoridades do período para que fossem tomadas providências para melhorar a infraestrutura do local, diz das necessidades de comida e agasalhos. Havia que se matar a fome e o frio, mas, sob a violência do capital no campo, se matam crianças. A situação de extrema precariedade atingia com força as crianças: o frio intenso da região, associado à falta de alimentos em muitos períodos do acampamento, ia enfraquecendo e *matando um pouco por dia*,[50] como no verso do poeta.

---

[49] *Jornal Sem Terra*, jul. 1989.
[50] Referência ao poema de João Cabral de Melo Neto, "Morte e Vida Severina". *Op. cit.*

A mesma situação é notícia comum: "Falta de agasalho para crianças, o que causa enfermidades bronco-pulmonares" e ainda "Há 21 colonos internados no hospital de Ronda Alta, na sua maioria crianças". Pelos títulos e fragmentos das matérias, podemos ir reconstituindo o sofrimento das crianças no acampamento e o esforço das famílias em conseguir atenuar essa situação. O mesmo texto faz referência "a um frio de zero grau durante as madrugadas".

A canção *Grande Esperança*, nas páginas do *Boletim* e no dia a dia do acampamento, interpretada pela dupla Zilo e Zalo,[51] tornou-se espécie de hino das famílias acampadas na Natalino. A música traça um paralelo entre as vidas dos operários e dos homens do campo, aproximando-os nas necessidades e na opressão e situa a Reforma Agrária como solução para muitos problemas sociais do campo e da cidade.

> Nosso lavrador que vive do chão
> Só tem a metade da sua produção
> Por que a semente que ele semeia
> Tem que ter a meia com o seu patrão!
> O nosso roceiro vive num dilema
> E o problema não tem solução
> Por que o ricaço que vive folgado
> Acha que projeto, se for assinado,
> Estará ferindo a Constituição![52]

---

[51] Zilo e Zalo, dupla sertaneja formada pelos irmãos Aníbio Pereira de Sousa, o Zilo, e Belizário Pereira de Sousa, o Zalo. Começaram a cantar ainda crianças, respectivamente, com 11 e 9 anos, em bailes e coretos de igreja nos fins de semana. Em 1954, estrearam em rádio num programa da Rádio Difusora, em Santa Cruz do Rio Pardo. Nesse mesmo ano, mudaram-se com a família para São Paulo (SP) e, no ano seguinte, ficaram entre os dez primeiros colocados do Festival Jubileu de Prata, da Rádio Record. Logo começaram a cantar no programa Casa dos Fazendeiros, na Rádio Cultura. Em 1959, gravaram seu primeiro disco. Possuem mais de 400 músicas gravadas em toda a carreira.

[52] Zilo; Zalo. "A grande esperança". *In: Jornal Sem Terra*, set. 1985.

Retomando o tema da violência, no *Boletim*, de novembro de 1981, há uma notícia sobre o espancamento e tortura de uma criança de 7 anos. O fato aconteceu na Fazenda Tupaciretã, no Pará, onde 400 posseiros reivindicavam a terra, e um banqueiro paulista afirmava a posse. A ação de despejo foi violenta e juntou policiais das cidades de Xinguara, Marabá e Conceição do Araguaia.

> Era o início de um massacre na região. Na primeira investida da repressão, uma criança de 7 anos foi espancada por policiais para informar o local onde seu pai estava escondido para não ser preso e torturado. Na segunda investida, um posseiro foi obrigado a servir sexualmente a outro companheiro. Espancamentos generalizados. Estradas fechadas. Casas queimadas. Um posseiro foi obrigado a engolir um cigarro aceso, antes de ter sido forçado a cheirar o sapato de um pistoleiro morto.[53]

Os relatos de violência envolvendo crianças são comuns nas páginas do *Jornal* nesse período. De norte a sul do Brasil, à medida que emergem as ocupações, emergem também os conflitos em torno da terra, envolvendo as famílias, e as crianças não são poupadas de situações extremas de violência por parte dos fazendeiros e da polícia.

As fontes nos trazem relatos diversos dessas violências em suas mais variadas formas. Trazem-nos as estratégias de enfrentamento, mas também de proteção às quais os trabalhadores recorriam. Um dos casos é o das famílias expulsas da Fazenda Santo Augusto, no Rio Grande do Sul, em agosto de 1984. Nesse despejo, há vários relatos de ações truculentas e de uso de violência pela polícia.

Um desses relatos dramáticos diz respeito a uma criança de 5 anos que foi jogada sobre um braseiro e teve suas mãos pisoteadas por um policial. As denúncias de violência foram levadas

---

[53] *Boletim Sem Terra*, nov. 1981.

pela Comissão Pastoral da Terra (CPT), Ordem dos Advogados do Brasil (OAB) e Central Única dos Trabalhadores (CUT) à Comissão de Direitos Humanos da Assembleia Legislativa do Rio Grande do Sul na tentativa de repercussão do caso.[54]

Em um grande número de ocupações pelo Brasil, registra-se a morte de crianças: além daquelas assassinadas diretamente nos conflitos, também há muitas mortes decorrentes das condições de vida nos acampamentos. Foi assim na Natalino, na Annoni, na Santa Elmira e seguiu sendo assim também na ocupação da Fazenda Pirituba, em Itapeva, São Paulo, quando, em agosto de 1990, morreram no hospital da cidade as crianças Robson Aparecido Machado, de um mês, e Leandro Fernandes da Rosa, de cinco meses. No acampamento, cinco crianças já haviam morrido de desnutrição e falta de atendimento médico.

O número de mortes infantis era assustador. É evidente a maior vulnerabilidade das crianças a situações de exposição extrema, e, apesar de todas as mortes e doenças que as atingiam com muito mais força, elas continuaram presentes nas ocupações e nos acampamentos. Com o passar do tempo, o MST foi incentivando a organização e a mobilização das crianças nos espaços dos acampamentos e assentamentos onde viviam.

Na década de 1990, como se observa nos relatos apresentados, aumenta a violência contra as crianças no campo. Em 1997, a CPT lança, junto com o *Cadernos Conflitos no Campo*, uma pesquisa realizada em parceria com a Organização Internacional do Trabalho (OIT) sobre a violência contra crianças. De acordo com a pesquisa, de 1990 a 1996, dez crianças e adolescentes haviam sido mortos em conflitos de terra no país, outros 37 em acidentes de trabalho no campo, e foram documentados ainda 36 casos de trabalho escravo de crianças e adolescentes

---

[54] *Jornal Sem Terra*, ago. 1984.

no Brasil, em 1997.⁵⁵ A pesquisa foi realizada por ocasião da realização da Conferência Internacional sobre Trabalho Infantil organizada pela OIT e Unicef, na Noruega.

Nesse período, também é crescente a escalada da violência urbana contra crianças e adolescentes, atingindo principalmente aqueles que o eufemismo do capital chama de "meninos de rua". Na madrugada do dia 23 de julho de 1993, sete desses meninos foram assassinados próximo à Igreja da Candelária, no centro do Rio de Janeiro, fato que ganhou as manchetes dos principais jornais do país e o noticiário internacional.

Passava da meia noite, e uns quarenta desses 'meninos de rua', que a miséria privou de um teto, dormiam sob as marquises do generoso pé-direito de edifícios que margeiam a Igreja da Candelária. Estavam embrulhados em cobertores puídos no chão forrado por trapos de carpete. Chegaram dois Chevettes, um claro, que na escuridão foi descrito como bege ou amarelo, outro café-com-leite, com uma faixa marrom nas laterais, confundido com um táxi. Do bege saíram quatro homens; do mais escuro, pouco depois, outros dois. Os homens falaram direto a um garoto de cabelo oxigenado.
– Você é o Russo?
– Não conheço nenhum Russo. Meu nome é Marco Antônio – respondeu, com os olhos ainda semicerrados.
– Não adianta mentir – berrou o que parecia ser o líder do bando.
A gritaria assustou 'Caveirinha', mulato franzino de 17 anos, que saiu correndo. Um dos homens mirou nele, mas o revólver engasgou duas vezes. Seguiu-se a barulheira de uma fuzilaria. Marco Antônio Russo e seus vizinhos foram os primeiros atingidos à queima-roupa, com precisão profissional. Tiros, quase sempre na cabeça, mataram três na hora. Um deles, na coxa direita. Cambaleante, ainda atravessou a rua e emborcou na grama, em frente à Igreja. Russo, que se chamava Marco Antônio da Silva, levou um balaço no olho direito e outro na coxa. Agoniza no CTI do hospital Souza Aguiar em mínimas chances de sobreviver. O caçula das vítimas, Paulo Roberto de

---

⁵⁵ *Jornal Sem Terra*, jul. 1997.

Oliveira, o 'Pimpolho', que faria 12 anos na próxima semana, também chegou vivo ao hospital – para morrer seis minutos depois...[56]

Como se vê, a violência urbana também atinge em larga escala as crianças. É preciso lembrar que muitas dessas crianças migraram do campo para a hipersegregação da periferia das cidades junto a seus pais e, devido às péssimas condições de vida a ao desemprego tão forte do período, acabam "adotando" as ruas como lugar de trabalho e de morada, tornando-se as vítimas dessa guerra urbana capitaneada pelo tráfico e pelo Estado.

Atualmente, sempre que o trabalho de crianças é citado, nos remetemos à noção de trabalho infantil. Este passou a ser tema de intenso debate público, desde a aprovação do Estatuto da Criança e do Adolescente (ECA), em 1990. De acordo com Delma Pessanha Neves, há várias formas de trabalho infantil, dentre eles o remunerado, realizado em condições penosas por crianças e adolescentes, portanto, impedindo o crescimento humano, seja no âmbito físico, social, moral e profissional; a outra forma de trabalho infantil, fundamentada na transmissão de saberes e construções de profissões e condição de herdeiros, como no caso do trabalhador artesanal ou do agricultor familiar. Esse tipo de trabalho infantil não retira da criança e do adolescente as condições penosas e prejudiciais ao crescimento físico, social, moral e profissional.[57]

Também é preciso situar a prática do trabalho infantil como forma de violência. No Brasil, para milhares de crianças, as brincadeiras são exceções circunstanciais, a infância, de fato, torna--se apenas uma pequena parte do dia e não uma fase da vida de alegrias, brincadeiras e amadurecimento, iniciada quando o tra-

---

[56] "As chacinas das crianças da candelária". *Revista Veja*, set. 1993.
[57] Neves, Delma Pessanha. *A perversão do trabalho infantil*: lógicas sociais e alternativas de prevenção. Niterói: Intertexto, 1999.

balho diário é findado. Geralmente, essas crianças trabalham, em alguns casos depois vão às escolas, e só depois brincam:

> A infância é o resíduo do tempo que está acabando [...]. A alegria da brincadeira como exceção circunstancial é que define para as crianças desses lugares a infância como um intervalo no dia e não como um período peculiar da vida, de fantasia, jogo e brinquedo, de amadurecimento.[58]

Com o ECA, o trabalho infantil passa a ser reconhecido como ilegal e criminoso. Para o caso das famílias camponesas, o trabalho de todos os seus membros, inclusive o das crianças, fazem parte da divisão social do trabalho e, em algumas ocasiões, atua como um espaço de socialização dessas crianças. Nessas famílias, o trabalho iniciado desde cedo é também uma prática social que, além da necessidade de cooperação de toda a família para a garantia da sobrevivência, representa um processo de aprendizagem associado à reprodução do trabalho como valor que caracteriza como honrados aos homens e mulheres e insere as crianças nessa aprendizagem. Sobre a socialização das crianças camponesas, Marilda Aparecida de Menezes afirma:

> O trabalho, nas comunidades camponesas, é mantido como elemento indispensável na socialização das crianças, e se apresenta com o caráter disciplinador para os membros da família, pois é através do trabalho que os agentes são disciplinados, tornando-se homens e mulheres dignos(as), honestos(as), obtendo o respeito social de todos os membros da sociedade em que estão inseridos. Sendo, portanto, o trabalho, o organizador social da produção no seio familiar, é apreendido como um valor moral que é transmitido de geração a geração.[59]

---

[58] Martins, José de Souza (org.). *O massacre dos inocentes*: a criança sem infância no Brasil. São Paulo: Editora Hucitec, 1993, p. 67.
[59] Menezes, Marilda Aparecida de. "Memórias de infância de mulheres e homens camponeses em Trajetos". *Revista de História da UFC. Dossiê: História, memória e oralidade*. Fortaleza, vol. 2, n. 3, 2002.

A pesquisadora nos chama a atenção para a organização moral da família camponesa; assim sendo, o trabalho das crianças camponesas não pode ser explicado meramente pela ordem econômica, mas sim por princípios de ordem moral. Diferente do trabalho "assalariado" de crianças, decorrente das desigualdades sociais geradas pela acumulação capitalista, o trabalho de crianças camponesas pode inviabilizar o acesso a direitos básicos da criança, mas também é parte do modo de vida camponês, centrado na família, na terra e no trabalho.

A negação dos direitos

> *Herdeiros da luta,*
> *resistência e memória*
> *Estamos nessa luta*
> *continuando nossa história*
> Palavra de ordem dos Sem Terrinha

A história da negação dos direitos às crianças pobres data de um largo período e se repete também na história das crianças do MST. Nas páginas do *Jornal Sem Terra*, encontram-se registrados vários episódios dessa negação, mas também da luta pela conquista de direitos. Outro fato que se repete é a criminalização da pobreza que atinge muito profundamente as crianças.

Em 1993, no Mato Grosso do Sul, chegou-se ao ponto de o Conselho Estadual da Criança e do Adolescente ameaçar entrar na justiça contra famílias acampadas em uma determinada região do Estado acusando-as de infringir os artigos 7 e 232 do Estatuto da Criança e do Adolescente (ECA). O artigo n. 7 do Estatuto define que toda criança tem direito à vida e à saúde; por sua vez, o Conselho afirmava que as crianças que moravam nos acampamentos não tinham esses direitos assegurados, pois seus pais eram pobres demais.

O artigo 232 do referido Estatuto proíbe a submissão de crianças a vexames e constrangimentos. O Conselho entendia que a pobreza era um constrangimento. A presidente do Conselho, Maria Aparecida Pedrossian, primeira-dama do estado àquela altura, afirma que os pais só levavam os filhos para o acampamento no intuito de obter piedade. Não era sequer cogitada a hipótese da necessidade. As crianças fazem, de fato, parte da família e não são deixadas para trás, na maioria dos casos. Elas vivem a pobreza no dia a dia, como o restante da família. Elas participam da vida e das ações nos acampamentos e também depois da terra conquistada nos acampamentos e assentamentos.

O que a conselheira e primeira-dama não pôde (e não quis) ver é que àquelas crianças o direito à vida e à saúde são negados pela concentração de terras no Estado. Como afirma Vera da Silva Telles, a pobreza, como problema que inquieta e choca a sociedade, apresenta-se como o "resíduo que escapou à potência civilizadora da modernização" e precisa, por isso, ser "capturado e transformado pelo progresso".[60]

O Estatuto surge a partir da mobilização social que deu origem ao Fórum Nacional de Entidades Não Governamentais de Defesa dos Direitos da Criança e do Adolescente (Fórum DCA). Houve uma intensa mobilização de vários movimentos sociais para sua aprovação. Essa mobilização recolheu mais de seis milhões de assinaturas para garantir a criação de argumentos legais que estabelecessem os direitos humanos dos meninos e meninas na Constituição. O ECA é tido como um marco para os direitos da criança e do adolescente no Brasil, substituindo o Código

---

[60] Telles, Vera da Silva. *A cidadania inexistente*: incivilidade e pobreza: um estudo sobre trabalho e família na Grande São Paulo. Tese (Doutorado em Sociologia) – Universidade de São Paulo, São Paulo, 1992 *apud* Frontana, Isabel C. R. da Cunha. *Crianças e adolescentes nas ruas de São Paulo*. São Paulo: Loyola, 1999, p. 35.

de Menores.[61] Traz em sua base a doutrina de proteção integral, reforça o princípio da criança e do adolescente como "prioridade absoluta" e institui o Sistema de Garantia dos Direitos da Criança e do Adolescente.[62] O Estatuto normatiza o artigo 227 da Constituição Federal:

> O artigo 227 da Constituição Federal – uma síntese da Convenção Internacional dos Direitos da Criança – e a posterior sanção do Estatuto da Criança e do Adolescente, ECA, em substituição ao velho código de menores, indicam, ao menos na forma da lei, uma nova atitude diante da infância e da adolescência. A noção jurídica 'menor', enquanto uma situação irregular da infância, e as diversas classificações que qualificavam tais irregularidades, conferindo ao termo um significado de anomalia social e reportando-a a um segmento específico da infância, foram abandonadas.[63]

O ECA não distingue entre crianças e adolescentes em situações regulares ou irregulares e substitui, em todo o texto, a

---

[61] Em 1979, é instituído um novo Código de Menores (lei 6697 de 10/10/1979), elaborado por um grupo de juristas selecionados pelo governo, para substituir o Código de Menores anterior, que datava de 1927. Não representando, em si, mudanças expressivas, representa pressupostos e características que colocam a criança e o jovem pobres e despossuídos como elementos de ameaça à ordem vigente. O Código atuava no sentido de reprimir, corrigir e integrar os supostos desviantes de instituições como Funabem, Febem e Feem, valendo-se dos velhos modelos correcionais. O Sistema de Garantia de Direitos da Criança e do Adolescente constitui-se na articulação e integração das instâncias públicas governamentais e da sociedade civil, na aplicação de instrumentos normativos e no funcionamento dos mecanismos de promoção, defesa e controle para a efetivação dos direitos da criança e do adolescente, nos níveis Federal, Estadual, Distrital e Municipal. No entanto, após quase 22 anos de implantação do ECA, este sistema, na prática, não está integralmente institucionalizado e vem trabalhando de forma desarticulada, com problemas na qualificação de seus operadores, e isto causa prejuízo na implementação de políticas públicas que garantam os direitos assegurados pela legislação em vigor.

[62] Ver mais em: Frontana, Isabel C. R. da Cunha. *Crianças e adolescentes nas ruas de São Paulo*. São Paulo: Loyola, 1999.

[63] Frontana, Isabel C. R. da Cunha. *Crianças e adolescentes nas ruas de São Paulo*. São Paulo: Loyola, 1999, p. 230.

expressão "menor", que, ao longo do tempo, adquiriu um cunho depreciativo para crianças e adolescentes. Depois do Estatuto, acirrou-se a luta para que as crianças passassem a ser reconhecidas legalmente como sujeitos de direitos e não apenas como objetos passivos de repreensão.

> É incontestável que a mudança de enfoque que o ECA introduziu no plano jurídico, possibilitando uma nova atitude diante da infância e da adolescência, representou um grande avanço para uma sociedade que se pretende democrática, sobretudo porque suplantou uma lei que pregava uma doutrina de caráter discriminador e segregacionista. A concepção, a formulação e a aprovação dessa nova doutrina jurídica foram fruto de uma ampla mobilização de setores, organizações, grupos e indivíduos que compunham o movimento em defesa dos direitos da criança e do adolescente. Movimento popular amplo e diversificado, que já vinha se organizando e atuando desde o final da década de 70, logrou reunir organizações religiosas assistencialistas – como a Pastoral do Menor e entidades alternativas de atendimento à criança e ao jovem –, representantes de movimentos de mulheres, negros e outras organizações e associações comunitárias, integrantes do movimento nacional de meninos e meninas de rua, profissionais da área do direito, da sociologia, da educação, da psicologia, da medicina, da assistência social etc., além de outras expressões sociais como sindicalistas, parlamentares, jornalistas etc.[64]

Sob esse novo enfoque, o ECA passou a representar mais um instrumento de luta pela garantia da integridade física, psicológica e moral da criança e do adolescente, sem discriminar sua condição de grupo étnico ou classe social. Pela peculiar condição de pessoa em desenvolvimento, a infância e a adolescência passaram a merecer atenção especial, "devendo sua proteção sobrepor-se às medidas de ajuste econômico, sendo universalmente salvo-guardados os seus direitos fundamentais". Os artigos 3º, 4º e 5º do ECA dispõem e evidenciam as garantias de direitos da população infanto-juvenil:

---

[64] *Ibid.*

> Art. 3º – A criança e o adolescente gozam de todos os direitos fundamentais inerentes à pessoa humana, sem prejuízo da proteção integral, de que trata esta Lei, assegurando-lhes, por lei ou por outros meios, todas as oportunidades e facilidades, a fim de lhes facultar o desenvolvimento físico, mental, moral, liberdade e social, em condições de liberdade e dignidade. Art. 4º – É dever da família, da comunidade, da sociedade em geral e do Poder Público assegurar, com absoluta prioridade, a efetivação dos direitos à vida, à saúde, à alimentação, à educação, ao esporte, ao lazer, à profissionalização, à cultura, à dignidade, ao respeito, à liberdade e à convivência familiar e comunitária.
>
> Art. 5º – Nenhuma criança ou adolescente será objeto de qualquer forma de negligência, discriminação, exploração, violência, crueldade e opressão, punido na forma da lei qualquer atentado, por ação ou omissão, aos seus direitos fundamentais.[65]

O Estatuto incorpora a noção de direitos fundamentais às crianças e adolescentes brasileiros: o direito à vida e à saúde (arts. 7 a 14); liberdade, respeito e dignidade (arts. 15 a 18); educação, cultura, esporte e lazer (arts. 53 a 59) e profissionalização e proteção no trabalho (arts. 60 a 69). Retomamos aqui o Estatuto para evidenciar os crimes do Estado contra as crianças que se encontram nos acampamentos, negando-lhes direitos garantidos em lei. O ECA também foi pauta constante no *Jornal Sem Terra*, em especial, no período da mobilização por sua aprovação e nos primeiros anos de vigência.

Apesar do avanço legal do Estatuto e do esforço e empenho de setores, organizações, movimentos sociais e indivíduos em estabelecer um novo paradigma teórico-prático capaz de garantir os direitos previstos na lei em sua plenitude; a realidade vivida no Brasil, de 1990 para cá, demonstra uma nítida oposição entre a lei e as práticas efetivas relativas à infância, seja no campo ou na cidade.

---

[65] BRASIL. *Estatuto da criança e do adolescente*. Fortaleza: Prefeitura Municipal de Fortaleza, jul. 2010.

Ação e omissão combinam-se quando um grande número de meninos e meninas é sistematicamente alvo de arbitrariedades e violências por parte da polícia, de grupos de extermínio contratados por organizações de empresários ou comerciantes, ou de instituições do Estado que insistem em adotar mecanismos de caráter correcional e disciplinar. Ação e omissão combinam-se também sob inúmeras formas subsistentes de exploração do trabalho infanto-juvenil por parte de empresas e indivíduos, expondo essas crianças e jovens a riscos físicos, psíquicos, morais e sociais.[66]

"Ocupar, resistir e produzir também na educação"

Escola Itinerante chegou para ficar
Lutando pela terra e o direito de estudar
(Palavra de ordem dos Sem Terrinha)

Desde o início de sua formação, o MST manifesta a centralidade do papel da educação e formação de suas crianças. Uma observação cuidadosa à vida vivida pelas crianças nos acampamentos e assentamentos aponta no sentido de uma compreensão dos Sem Terrinha como sujeitos de direitos, pela comunidade. As crianças Sem Terra participam das lutas, caminhadas, marchas, ocupações, e apresentam também suas próprias reivindicações, principalmente no campo da educação. É o que se observa, nesta pesquisa, ao examinar os relatos de mobilizações e encontros dos Sem Terrinha, principalmente no mês de outubro, quando é atualizado de modo específico e atribuído novo significado às comemorações ao dia da criança.

O reconhecimento das crianças como sujeitos sociais pelo MST já vem de algum tempo e se expressa na preocupação do Movimento em elaborar uma pedagogia específica para a infân-

---

[66] Frontana, Isabel C. R. da Cunha. *Crianças e adolescentes nas ruas de São Paulo.* São Paulo: Loyola, 1999.

cia. Assim, destacam-se as publicações específicas para os meninos e meninas Sem Terra, como exemplo, o *Jornal* e a *Revista Sem Terrinha*.

As crianças são vistas como sujeitos que precisam de proteção e ao mesmo tempo como crianças lutadoras. Mas é no V Congresso que a atenção especial com as crianças Sem Terra – os Sem Terrinha – se apresenta em maior evidência. No encontro, *"as crianças terão um espaço específico para suas atividades e será chamado de Escola Itinerante Paulo Freire"*, já dizia a cartilha de orientação para o Congresso.[67]

A mesma Cartilha informa que as crianças participariam das mobilizações ao lado, ou pela mão de seus pais, salvo os "pequeninos". Mais de mil crianças Sem Terra estiveram organizadas na Escola Paulo Freire junto de cerca de 500 educadores que organizaram as atividades educativas e garantiram as aulas das crianças em idade escolar.

> Precisamos avançar em organizar o lugar da infância no MST, pensá-las como sujeitos de direito, como vivem nos assentamentos, como estudam e como a comunidade vai assumir o processo de formação dos Sem Terrinha. Através da educação, nas cirandas e nas escolas, acontece a formação destes pequenos: é o que fará desde cedo à consciência de pertença a organização da classe trabalhadora. O futuro do MST depende do que fazemos hoje com nossas crianças.[68]

Em relação à educação e formação para a infância Sem Terra, outro conteúdo de destaque são os ensinamentos voltados ao cultivo da história e memória da luta social, bem como o fortalecimento da simbologia da luta nos processos comunicativo-formadores construídos no MST. Segundo Roseli Caldart,[69] os

---

[67] MST. Orientações práticas e a história dos Congressos do MST. Brasília, 2007.
[68] *Ibid.*
[69] Caldart, Roseli Salete. *Pedagogia do Movimento Sem Terra*. Expressão Popular, São Paulo, 2004.

sem-terra se constituem como sujeitos sociais à medida que se percebem como uma coletividade que traz para si a luta para garantir sua própria existência social como trabalhadores da terra, enfrentando aqueles que em nossa sociedade estão destruindo a possibilidade dessa existência. A ocupação da terra, o acampamento, a organização do assentamento, o ser do MST e a conquista da escola do campo são vivências socioculturais possíveis de identificação como geradoras no processo de formação do Sem Terra do MST, sejam adultos ou crianças.

Eles se definem e criam sua identidade por uma ausência: ser Sem Terra. Criam também símbolos e emblemas que conformam e atualizam esta identidade, materializados nos elementos da vida cotidiana, como visto nos bonés, nas bandeiras vermelhas, nos cartazes, nas nomeações de acampamentos e assentamentos, nos hinos, entre outros elementos de possível construção e fortalecimento de uma identidade individual e coletiva, como já afirmado.

Sabendo que os pequenos participam com os adultos dos momentos da luta pela terra, desde as mobilizações, ocupações, marchas, acampamentos e sabendo também que, para o MST, uma escola em um assentamento se constitui como uma grande conquista, é nesse contexto que as *crianças* vão se tornando *Sem Terrinha*.

Vão se tornando Sem Terrinha na escola, mas também nos modos de luta que se constitui para as famílias Sem Terra desde o acampamento. As canções, as histórias, as primeiras leituras de cartilhas específicas, a observação e participação na encenação da mística, tudo isso pode contribuir para que as crianças do MST afirmem, como identidade social e política, ser um Sem Terrinha.

A produção cultural e comunicativa do MST apresentada neste trabalho é decorrente de práticas sociais em espaços pedagógicos nos quais as crianças aprendem o vocabulário prático da luta pela terra do mesmo modo como apreendem sentidos de pertença a um determinado grupo social.

Educação não é sinônimo de escola. No material pesquisado neste estudo, o entendimento é mais amplo e diz respeito à complexidade do processo de formação dos sujeitos sociais, que têm nas práticas vividas o principal ambiente de aprendizado. Nesse contexto, o Movimento Sem Terra constrói os mecanismos de educação das crianças Sem Terrinha, pois é este o meio no qual elas vivem sua infância, participando da luta pela terra, pela Reforma Agrária.

No entanto, a escola ainda se apresenta como espaço privilegiado na formação pedagógica desses meninos e meninas, muito embora não seja o único. As crianças convivem em diversos ambientes educativos: nas manifestações, ocupações de terra, encontros, cirandas infantis e na escola. Parece que, em articulação entre todos esses espaços, entendidos em sua função pedagógica, se vão forjando sujeitos de direitos, a partir também da conquista da educação. A escolarização é um componente fundamental nesse processo e um direito de todas as pessoas. Desde os primeiros acampamentos e assentamentos, esta é uma das lutas do MST.[70]

Quando dizemos projeto de educação do MST, estamos nos referindo à combinação entre a luta pelo acesso à escolarização e ao processo de construção de uma pedagogia consoante aos desafios da realidade específica do campo. Tal projeto busca refletir sobre uma escola pública como são todas as escolas que existem nos assentamentos e acampamentos, que assume o vínculo com a luta, a organização e a pedagogia do Movimento.

---

[70] Maria, Noemi Antonio. Weschenfelder, Noeli Valentina. *A Pedagogia cultural do Movimento Sem Terra com Relação à infância.* Ijuí: UNIJUÍ/UFRGS, 2009.

No início, ao menos duas necessidades deram origem às primeiras experiências que criaram as condições de um olhar específico às crianças. A vida nos assentamentos requerendo uma participação das mulheres na produção, na organização das cooperativas e associações, no trabalho coletivo, e nos diversos setores do MST, põe em debate o cuidado com as crianças como devendo não ser uma obrigação própria da mulher/mãe, mas assumida no coletivo. De modo semelhante, a participação das mulheres na dinâmica da militância, na participação nos cursos e encontros de formação, nas reuniões e nas lutas, levando-a para longe de casa e dos filhos, impulsiona também o debate sobre as relações de gênero e a persistência de assimetrias e modelos replicados de um sistema de dominação, também como problema de gênero.

Essas situações e contextos em modificação, a emergência de novos debates setoriais no Movimento, contribuem também para se pensar o lugar da infância Sem Terra. Alguns deles se constroem no concreto da vida militante, como espaços coletivos específicos à vivência das crianças Sem Terra. Como exemplo, a Ciranda Infantil, as Escolas Itinerantes, entre outros. Dito de outro modo, a Ciranda não pode ser vista apenas como um direito dos adultos que participam do MST, mas principalmente como um direito das crianças que também são sujeitos construtores do movimento.

Acerca da Ciranda Infantil, o *Caderno de Educação* n. 12, do Setor de Educação do MST, informa como se chegou a esse formato e denominação, em clara articulação também entre os planos da educação e da cultura.[71]

A Ciranda Infantil é um espaço educativo, organizado com o objetivo de trabalhar as várias dimensões do ser criança Sem

---

[71] *Caderno de Educação* n. 12. Setor de educação do MST.

Terrinha como sujeito de direitos, com valores, imaginação, fantasia e personalidade em formação, vinculando as vivências com a criatividade, as relações de gênero, a cooperação, a criticidade, a autonomia, o trabalho educativo, a saúde e a luta pela dignidade de concretizar a conquista da terra, a reforma agrária, as mudanças sociais.

Após o IV Congresso Nacional do MST, desencadeou-se um processo de multiplicação e valorização das Cirandas Infantis. A preparação de educadores e educadoras passou a ser uma das atividades do Setor de Educação nos estados, e a Ciranda Infantil passou a fazer parte de todas as atividades do Movimento. Cabe destacar que as primeiras Cirandas Infantis foram pensadas e implementadas no estado do Ceará, ainda no final da década de 1990, segundo os registros do próprio Movimento estudados nesta pesquisa.

A Ciranda Infantil é um espaço educativo de vivência da experiência de ser criança Sem Terrinha, de brincar, jogar, cantar, cultivar a mística, de cultivar como aprendizado o sentimento de pertença ao MST, de perceber os valores como lastro de sua formação. As múltiplas dimensões do ser social, combinados aos valores que se quer afirmar como conteúdo da luta social, estão presentes nessa elaboração:

> A Ciranda Infantil é um espaço educativo, organizado com o objetivo de trabalhar as várias dimensões do ser criança Sem Terrinha como sujeito de direitos, com valores, imaginação, fantasia e personalidade em formação, vinculando as vivências com a criatividade, as relações de gênero, a cooperação, a criticidade, a autonomia, o trabalho educativo, a saúde e a luta pela dignidade de concretizar a conquista da terra, a reforma agrária, as mudanças sociais.[72]

Desde as primeiras ocupações, a pauta de reivindicações apresenta a luta pela criação de escolas nos futuros assentamen-

---
[72] *Ibid.*

tos. Primeiro, por uma certa intuição de que isto também era um direito; depois, pela consciência de que, se as escolas não fossem no assentamento, muitas crianças continuariam fora delas. Aos poucos, tal exigência foi se tornando uma convicção, um princípio.

Estudar na cidade, só em último caso, pois o movimento considera que a educação no meio urbano prepara o filho do agricultor para sair do assentamento. Ao contrário, o ensino nas escolas nos assentamentos e acampamentos deve preparar os estudantes para ficar e transformar o meio rural.

Essa reivindicação está presente até mesmo nas canções entoadas nas Cirandas, como a de Gilvan Santos, que ensina cantando: "Não vou sair do campo pra poder ir pra escola/educação do campo é direito e não esmola"; como também na música "Pedagogia da Terra", composição da Turma de Educadores José Martí, que acredita:

> Numa educação do campo colhendo cidadania
> Homens, mulheres, crianças construindo um novo dia
> Numa canção libertária, reforma agrária no chão
> Queremos ser alicerce de uma nova nação.

Segundo as linhas de ação do Setor de Educação do MST, nas Escolas que se localizam nos assentamentos e nas Escolas Itinerantes que acompanham os acampamentos, são priorizados conteúdos formativos socialmente úteis e eticamente preocupados com a formação humana integral. Nestes, há a construção de um ambiente educativo que vincule a escola aos processos econômicos, políticos e culturais, a vivência de práticas pedagógicas preocupadas com a valorização especial da dimensão pedagógica da história e o cultivo da memória coletiva do povo brasileiro, além da valorização especial da dimensão pedagógica da história.

Ainda segundo as linhas de ação, são objetivos desse projeto educativo: fortalecer a identidade Sem Terra e a pertença ao Movimento entre educandos, educadoras e famílias acampadas e assentadas; a mobilização das famílias, em especial os Sem Terrinha, na luta por escolas nas áreas de assentamento e acampamento; a realização de mobilizações específicas em vista da implantação de Escolas Itinerantes nos acampamentos; a intensificação do trabalho na área de educação infantil e familiar, cultivando valores e práticas coerentes com o projeto humanista e socialista do MST.[73] No material utilizado pelos educadores e educadoras nas escolas de acampamentos e assentamentos, encontra-se a produção do setor de comunicação do Movimento, com ênfase na utilização do *Jornal Sem Terrinha*, seja na leitura de pequenos textos ou poemas, seja na atividade de colorir o jornal, seja na produção de conteúdos para o jornal.

A prática pedagógica também coordena ações como campanhas de discussão e revisão do nome de escolas em acampamentos e assentamentos, como parte do cultivo da identidade Sem Terra; organiza cirandas infantis nos assentamentos e acampamentos; constrói parques infantis alternativos nos assentamentos e acampamentos e faz ações que tornem conhecida a figura humana e o ideário de lutadores do povo, tais como Paulo Freire, Josué de Castro, Florestan Fernandes, Madre Cristina, José Martí, Zumbi dos Palmares, Sepé Tiaraju, entre outros.

No *Jornal Sem Terra*, infância e educação são temáticas que, comumente, andam juntas. A estrutura organizativa do Movimento conta, desde 1987, com um Setor de Educação, responsável pela formulação de suas diretrizes pedagógicas e que atua no processo educativo em diferentes dimensões: na formação e escolarização de crianças, na alfabetização de jovens e adultos, além da formação política no MST.

---

[73] Caldart, Roseli Salete. *Pedagogia do Movimento Sem Terra*. São Paulo: Expressão Popular, 2004.

Desde meados da década de 1990, o MST intensificou as mobilizações e reivindicações em torno da educação. É preciso escola para todos, principalmente para as crianças. E, nessas reivindicações, o Movimento se depara com a necessidade, mas também com o desafio, das escolas nos acampamentos. Essa foi uma prática experimentada, inicialmente, no Rio Grande do Sul, e aos poucos ganhou o Brasil.

> A primeira escola em acampamento reconhecida pelo Estado funciona na Fazenda Alvorada em Júlio de Castilhos e faz parte da Proposta Pedagógica Escolas Itinerantes para acampamentos do MST no RS, aprovada pelo Conselho Estadual de Educação/RS em 20 de janeiro de 1997.[74]

A busca do reconhecimento das Escolas pelo Estado se intensificou porque as aulas nos acampamentos não eram permitidas legalmente e as crianças ficavam prejudicadas quando passavam a frequentar uma escola regular. No contexto da luta por direitos, o MST entendeu que a educação é um deles e que estava sendo negada àquelas crianças, daí surge o início das mobilizações em torno do reconhecimento.

> Foi um cabo de guerra, idas e vindas no Conselho de Educação, mobilizações de crianças em Porto Alegre, cartas dos alunos para o governador e secretária de educação, até conseguirem a aprovação da escola. As condições de funcionamento ainda são precárias. [...] No projeto aprovado, a escola funcionaria dentro dos acampamentos com monitoramento pedagógico da Secretaria de Educação, os professores seriam contratados pelo Estado e as salas de aula é [sic] resultado de uma campanha de doação realizada na Universidade de Ujuí, os barracos estão sendo feitos com material doado e a Secretaria de Educação justifica o atraso alegando questões burocráticas.[75]

---

[74] *Jornal Sem Terra*, jun. 1997.
[75] *Ibid.* (matéria assinada por Sara Feitosa)

O Rio Grande do Sul foi o primeiro Estado do Brasil a reconhecer e regulamentar as Escolas Itinerantes, por meio de parecer do Conselho Estadual de Educação, em 1996. A experiência gaúcha permitiu a instalação de escolas em acampamentos em diversos estados, como Sergipe, Paraná e Bahia.[76] Reconhecimento legal que ainda é contestado, atualmente, vide o fechamento das escolas itinerantes que funcionavam em acampamentos do MST no Rio Grande do Sul, em 2009, durante o mandato da governadora Yeda Crusius (PSDB).

Durante a década de 1990, o *Jornal Sem Terra* possuía uma página específica dedicada à Educação. Todas as edições do periódico traziam textos, fotos e depoimentos sobre o tema. Mesmo nos primeiros acampamentos organizados pelo coletivo que se tornaria o MST, a escola sempre teve um papel central. Organizada a partir da dinâmica da ocupação e do acampamento em alguns lugares, mas fruto de esforço e resultado da solidariedade.

O MST assume a educação das crianças Sem Terrinha como responsabilidade e tarefa militante. A educação representa também uma maneira de socialização dos pequenos em ambientes coletivos, de construção da identidade de Sem Terra desde a infância, assim como a formação continuada de homens e mulheres conscientes de seus papéis para a mudança da sociedade.

Imprimindo uma história de lutas na Revista Sem Terra

Desde o início do século XX, no Brasil, grupos políticos de variadas matrizes do pensamento utópico – socialistas, comunistas e anarquistas – acreditavam na imprensa dos trabalhadores como fundamental à organização da classe. Assim sendo,

---

[76] MST.

foram publicados, desde esse período, uma variedade de impressos por esses grupos, com ênfase naquelas ligadas ao movimento operário. A esse dinâmico manancial de publicações, contrapõe-se o pequeno número de periódicos produzidos pelo movimento camponês.

Aos olhos de uma extensa lista, vemos poucos títulos de impressos surgidos do movimento camponês. Do conhecimento de nossa pesquisa destacam-se o jornal *Terra Livre* (1949),[77] cujo grupo editor se vincula ao Partido Comunista do Brasil (PCB); *A Liga* (1962), fruto do esforço das Ligas Camponesas e de Francisco Julião. Segundo Fernando Perli, "tendo como objetivo conquistar a militância no campo, o PCB lançou, em 1949, o jornal *Terra Livre*, considerado o principal meio de comunicação escrito para a divulgação das bandeiras comunistas no mundo rural brasileiro".[78]

Na época, o PCB mantinha jornais em vários estados do Brasil, entre eles, São Paulo, Rio de Janeiro, Pernambuco, Bahia e Ceará. Para Leonilde Medeiros, o periódico é parte do programa editorial dos comunistas que, ao mesmo tempo, realizam a difusão da mensagem do PCB junto aos camponeses e, por meio do

---

[77] A primeira edição do jornal *Terra Livre* foi publicada no dia 5 de maio de 1949. Considerado o primeiro jornal brasileiro a se dedicar ao cotidiano dos trabalhadores rurais, informava sobre direitos sociais, trabalhistas, organização sindical, além de vários temas ligados ao homem do campo. O jornal, de periodicidade quinzenal, foi editado até 1964, quando o golpe militar proibiu as suas atividades, inviabilizando a sua continuidade. No início, o jornal estava sob a responsabilidade editorial do Partido Comunista Brasileiro, sendo que a partir de 1954, quando da fundação da União dos Lavradores e Trabalhadores Agrícolas do Brasil (Ultab), o jornal passou a ser editado sob a sua responsabilidade. Ver mais em: Souza, Enilce Lima Cavalcante de. *Campo e palavras*: dimensões da questão agrária no Ceará, 1954-1964. Dissertação de Mestrado. Fortaleza: UFC, 2005.

[78] Perli, Fernando. *A luta divulgada: um movimento em (in) formação*: estratégias, representações e política de comunicação do MST (1981-2001). Tese (Doutorado em História) – Universidade Estadual Paulista, Assis, 2007.

jornal, afirmam uma identidade da luta camponesa. Segundo a pesquisadora, a imprensa partidária logrou trazer para a discussão interna às hostes comunistas a "complexidade da ação política no campo, aflorada com as Ligas Camponesas na década de 1960".[79]

As questões sociais do campo constituíam pauta constante do jornal *Terra Livre*, que circulou entre as décadas de 1950 e 1960 até o golpe civil-militar, em 1964. Como jornal militante, enfrentou dificuldades de circulação tanto por questões materiais quanto pela perseguição política. Contudo, o jornal criou, no período de sua circulação, estratégias para chegar a seu público e ser lido, muitas vezes, coletivamente.

O jornal *Terra Livre* também se destaca como expressão das ideias de intelectuais e militantes comunistas do período. Sua produção demonstra a participação dos camponeses com o envio de cartas, notícias, artigos e poemas saídos da cultura camponesa.[80] Maria do Socorro Rangel chama a atenção para o jornal como instrumento de ação dos camponeses:

> Ao se constituir como um canal de convivência com os camponeses, o jornal propunha estratégias de mobilização que foram acionadas em momentos de perigo e ajudaram a fortalecer naqueles que liam a esperança do direito à terra e da regulamentação do trabalho agrícola, expectativa e desejo de muitos; ao mesmo tempo que essas expectativas retornavam ao jornal e também orientavam sua elaboração. Essa relação de produção/apropriação/reapropriação inibe qualquer possibilidade de ver a relação partido/camponês como uma relação de mão única, simplesmente impositiva.[81]

---

[79] Medeiros, L. S. *História dos movimentos sociais no campo*. Rio de Janeiro: Fase, 1989, p. 96.
[80] Souza, Enilce Lima Cavalcante de. *Terra Livre – o jornal como escola*. Lendo--escutando, escrevendo e construindo a luta camponesa em Tempo no plural. História, ensino, diversidade cultural. Universidade Federal do Ceará, 2008.
[81] Rangel, Maria do Socorro. *Medo da Morte, Esperança da vida*. A história das Ligas Camponesas na Paraíba. Dissertação de Mestrado. Universidade Estadual de Campinas, Campinas, 2000.

A autora situa o jornal *Terra Livre* como forma de luta dos trabalhadores, entendendo que as informações veiculadas geravam reflexões sobre a luta camponesa no Brasil, propagando uma "pedagogia revolucionária", no dizer da pesquisadora. Uma das práticas disseminadas pelo jornal era a experiência de leitura em voz alta, leituras ouvidas e comentadas por grupos.

> Essas experiências são descritas e discutidas por Adelaide Gonçalves, por exemplo, na análise do espaço de trabalho dos charuteiros cubanos, que, em boa parte, migram para as fábricas de charutos norte-americanas, cotizam-se para pagar o *lector* e ouvir as leituras enquanto enrolam charutos. Leituras dirigidas à luta de classes ou à literatura, que ajudam a construir o vocabulário de classe dos trabalhadores. O fato é que a leitura, em grupos, vem há muito sendo realizada e bem-sucedida, mesmo quando os patrões e o Estado lançam mão da censura e da proibição. Ainda assim, faz-se a leitura clandestina.[82]

Seja nas contribuições enviadas para o jornal, seja na prática da leitura coletiva e militante, o *Jornal Terra Livre* se insere como um instrumento de ação, luta, resistência, memória, expressão e autoaprendizado dos camponeses.

O *Jornal Sem Terra*, editado desde 1984, durante muitos anos, foi o único veículo de comunicação do MST. Em 1997, é lançada a *Revista Sem Terra*, de circulação trimestral e abrangência nacional. O primeiro número da *Revista Sem Terra* é lançado em julho de 1997. Na capa, um homem trabalhador com duas crianças nos braços. O editorial afirma o compromisso da *Revista* e apela ao diálogo em favor da ampliação da luta pela Reforma Agrária:

> *Sem Terra* – a Revista é a nova publicação trimestral que lançamos como instrumento de comunicação e diálogo não apenas com os

---

[82] Souza, Enilce Lima Cavalcante de. *Terra Livre – o jornal como escola*. Lendo-escutando, escrevendo e construindo a luta camponesa em Tempo no plural. História, ensino, diversidade cultural. Universidade Federal do Ceará, 2008, p. 132.

Sem Terra, mas com todos aqueles que apoiam ou simpatizam com a nossa luta pela reforma agrária.[83]

Além dos periódicos, o MST constrói outras formas de divulgação de sua luta. Um dos trabalhos mais conhecidos como expressão do apoio de intelectuais é o projeto *Terra*,[84] que resultou na série de ensaios fotográficos de Sebastião Salgado, a participação do escritor português José Saramago e do compositor Chico Buarque de Holanda. Tal projeto resultaria inclusive em um concreto ato de solidariedade, a construção da Escola Nacional Florestan Fernandes, reconhecido centro de formação do MST e hoje alargado em perspectiva internacional.

Voltando à *Revista Sem Terra*, percebemos que seu projeto editorial se volta a um público leitor formado por apoiadores e simpatizantes do Movimento. Sua estratégia comunicativa se dirige de modo amplo à sociedade, desejando formar vínculos em relação à luta pela Reforma Agrária, mas principalmente é um lugar de experimentação do debate de ideias que o Movimento vai incorporando ao longo de sua existência.

Nesta pesquisa, observamos as 50 edições da *Revista* publicadas entre os anos de 1997 a 2008. Em linhas gerais, pode-se afirmar que seu conteúdo é extraído dos debates conjunturais de cada período, assim como do formato editorial que adota o modelo vigente das seções temáticas, quais sejam: Política, Entrevista, Memória, Cultura, Comunicação, Resenha, Leituras e Estudo. Para os fins deste estudo, selecionamos alguns fragmentos das seções da *Revista* que, a nosso ver, sintetizam sua estratégia editorial.

---

[83] *Revista Sem Terra*, jul. 1997, p. 01.
[84] Junto com a exposição de fotos sobre a questão agrária, foi lançado o livro *Terra*, no Brasil, em Portugal, na Itália, na França, na Alemanha, na Inglaterra, na Suíça e nos Estados Unidos. Prefaciado por Saramago, o ensaio fotográfico foi acompanhado por CD, com quatro canções de Chico Buarque de Holanda.

A seção "Memória" se apoia, de modo recorrente, na história dos movimentos sociais camponeses, na memória das revoluções socialistas, nos estudos e trajetórias de intelectuais e militantes socialistas, nas revoltas populares no Brasil no século XIX. De modo geral, os conteúdos se apoiam na narrativa historiográfica e se articulam ao debate das ideias, assim como nos temas advindos da conjuntura política e econômica.

Ainda na seção "Memória", se busca atualidade e vigência do pensamento social latino-americano. Como destaque, em algumas edições, a evocação ao ideário de Che Guevara, realizando inclusive uma evocação aos 30 anos de sua morte, como no artigo de Frei Beto, "Che, militante da Justiça e do amor",[85] espécie de homenagem a uma biografia revolucionária que, desde a Revolução Cubana, alimenta a imaginação rebelde e os espíritos de contestação nos vários continentes.

A seção "Cultura", por sua vez, veicula conteúdos alusivos ao cinema, artes plásticas, teatro e movimento editorial. Nessa seção, também a música se destaca; em 1998, em janeiro, se anuncia "Arte em Movimento", quando se afirma que "um dos objetivos do disco é mostrar para o Brasil as canções dos trabalhadores que lutam no campo, e arrebatar o coração das pessoas nas grandes cidades".[86]

De nossa pesquisa na *Revista Sem Terra*, ressaltamos aqui a seção "Leituras", pela singularidade da escrita e também por possibilitar, como fonte, um diálogo com a história social das ideias mediada pela história do livro e da leitura. Em sua primeira edição, à maneira de crônica, o jornalista Renato Tapajós assume um tom autobiográfico para falar da vida entre livros, desde a infância na biblioteca do pai e do avô, na cidade de Belém.

---

[85] *Revista Sem Terra*, jul. 1997.
[86] MST. "Arte em Movimento", *Revista Sem Terra,* jan. 1999.

> [...] Só falei aqui de romances. A teoria é muito importante: ela é o alimento básico do pensamento racional, que estuda, investiga, analisa e conclui. O romance, a ficção, a literatura alimentam a emoção e os sentimentos, trabalham coisas como a esperança, o sentimento de justiça, a solidariedade. Para quem luta por transformações sociais, essas coisas são tão importantes quanto o conhecimento teórico.[87]

Todos os relatos dessa seção iniciam-se com a descoberta da leitura, geralmente na infância. Os primeiros livros, as dificuldades, as alegrias e as descobertas no caminho de se aprender a ler. O antropólogo Felipe Lindoso, em seu texto, diz que sua geração foi considerada como "filhos de Lobato", tamanha a influência que o escritor Monteiro Lobato teve em suas primeiras leituras.[88] Os cronistas da seção são oriundos das mais diversas áreas, mas todos se encantam, desde a infância, pela leitura. Gerôncio Rocha é geólogo e, entre suas primeiras leituras, é destacado Graciliano Ramos: *Infância*, *São Bernardo*, *Angústia*. "Eu lia, mas ainda não alcançava a densidade dos dramas".[89]

A narrativa acompanha a vida de seus autores. Contam-se as leituras da juventude, os romances e, geralmente, as leituras políticas, já que os escolhidos para escrever essa seção, geralmente, são intelectuais que se situam à esquerda no espectro político. As leituras contadas na seção são, geralmente, indicadas desde a experiência militante comunista e na lista invariavelmente comparecem as leituras d'*O Manifesto Comunista*, d'*O Capital*, assim como de outros clássicos do pensamento marxista. O escritor Carlos Eugênio Paz conta da sua experiência na leitura dos clássicos:

> Eles não o são à toa, ficaram na memória da humanidade, e resistem à poeira dos tempos, porque têm densidade, são ricos de ensinamen-

---

[87] *Revista Sem Terra*, jan. 1999. Seção "Leituras".
[88] Id., jan. 1999. Seção "Leituras". Texto: "O privilégio da leitura".
[89] Id., abr. 1999. Seção Leituras. Texto: "Ler é um santo remédio".

tos e beleza. Sobrevivem aos momentos políticos, às conjunturas, aos regimes, e perpetuam a história das sociedades, seus modos de vida, seus conceitos e preconceitos, as vilanias e injustiças, os grandes gestos e o heroísmo.[90]

Acompanhando o mote da seção "Leituras", uma outra página da *Revista* apresenta pequenos textos à maneira de resenha, sugerindo leituras e comentando o panorama editorial contemporâneo. Nos comentários, predominam livros de conteúdo político, histórico com abertura à poesia, à literatura e, nesta, os romances sociais. Em destaque também na seção, as indicações acerca dos livros infantis.

Em consonância às diretrizes de seu projeto editorial e, em face do público leitor que almeja alcançar, a *Revista* abre, em sua seção "Comunicação", um diálogo crítico acerca da imprensa corporativa em relação aos movimentos sociais. A tônica dos artigos veiculados recai sobre a abordagem tendenciosa e negativa da chamada grande mídia em relação ao MST e suas principais figuras públicas, intentando junto à opinião pública a velha estratégia de demonização da luta social.

Ainda em relação ao tema, é preciso situar o projeto editorial do MST como parte da luta pela democratização da comunicação no Brasil e na América Latina. Essa também é uma pauta de reivindicação e mobilização dos Sem Terra. A luta pela democratização da comunicação, hoje, encontra-se na ordem do dia para muitos movimentos sociais latino-americanos. Em alguns países como Argentina, Bolívia e Venezuela, os governos de Cristina Kirchner, Evo Morales e Hugo Chávez avançaram no campo constitucional e possuem sistemas de regulação da mídia e de melhor distribuição, favorecendo a criação de rádios, TVs e meios impressos em comunidades rurais e urbanas.

---

[90] *Id.*, abr. 1999. Seção "Leituras". Texto: "Leituras que ajudam a entender o mundo".

No Brasil, a realidade da comunicação é a concentração. Segundo o Intervozes – Coletivo Brasil de Comunicação Social, na publicação "Contribuições para a construção de indicadores do direito à comunicação",[91] cerca de 11 famílias controlam a mídia televisiva, detendo também a maior fatia do mercado radiofônico, impresso e possuem ainda grandes portais digitais. São esses meios que falam à sociedade, pautam conversas, agendam governos, mas também silenciam, invisibilizam e criminalizam, sobretudo, os movimentos sociais. Por isso, a importância de meios de comunicação alternativos para garantir a pluralidade de opiniões e de visões de mundo e, sobretudo, lutar pelo direito à comunicação, como suporte da vida democrática.

> Para os setores populares, os processos de organização, participação e mobilização se constituíram historicamente a pedra angular para libertar sua capacidade de expressão, resgatar seu direito à palavra, sustentados em uma interação coletiva orientada a analisar e compreender a realidade para estabelecer identidades e sentidos comuns com relação ao seu agir social transformador.[92]

No caso específico do MST, é evidente ao longo de 30 anos o alargamento do sentido da comunicação, tendo como ponto de partida a disputa de hegemonia na sociedade, mas, ao mesmo tempo, propondo novas formas de comunicação a partir das Marchas, Encontros, Congressos e Jornadas de Luta.

> Por outro lado, temos feito um esforço para construir e manter meios de comunicação com uma visão popular de nosso país e do mundo

---

[91] Intervozes. Coletivo Brasil de Comunicação Social. *Contribuições para a construção de indicadores do direito à comunicação*. São Paulo, 2010.
[92] León, Osvaldo (coord.). *Democratizar la palabra*: movimientos convergentes em comunicación. Quito: Agência Latino Americana de informação (Alai), 2013, tradução nossa.

para informar a nossa base, a nossa militância, e disputar a hegemonia na sociedade.[93]

Além da construção e da ampliação de mecanismos de comunicação com a sociedade, o MST apoia a luta pela democratização da comunicação no Brasil junto a outras organizações populares, coletivos de comunicação, jornalistas e comunicadores populares. Nos últimos anos, a pauta da democratização da comunicação ganhou força no cenário nacional frente ao recrudescimento conservador dos meios de comunicação de massas. Aqui também é preciso destacar que essa pauta adquire novos contornos em face também de, pelo menos, duas questões: uma diz respeito ao extraordinário aumento da transferência de fundo público para a mídia corporativa; a outra, diz respeito ao aumento, também extraordinário, da verba publicitária das grandes empresas trasnacionais, como a Vale, e das vigorosas campanhas ditas institucionais do agronegócio, como, por exemplo, a *SouAgro*.

Quanto ao tema central desta dissertação, a infância Sem Terra é significada na *Revista* de modo transversal nas várias edições. Isto quer dizer que, além dos textos e matérias específicas sobre os Sem Terrinha, há também presença da infância rural e urbana na abordagem de diversos temas. Elas estão lá nas imagens, e não como ilustração, mas como constituinte da luta social; em alguns momentos, temos entrevistas com algumas crianças acerca dos lugares sociais de seu pertencimento ao Movimento, quais sejam a Ciranda Infantil, a Mobilização por Escolas, a organização de Jornadas específicas, entre outras.

---

[93] "Organizaciones del campo: propuestas y respuestas colectivas" *apud* León, Osvaldo (coord.). *Democratizar la palabra*: movimientos convergentes en comunicación. Quito: Agência Latino Americana de informação (Alai), 2013, tradução nossa.

O que se quer afirmar é que, internamente à pauta da *Revista*, as crianças são dadas a conhecer em sua vida nos barracos dos acampamentos, nas casas e escolas dos assentamentos e, principalmente, como já afirmamos na pauta da educação, dos livros e da leitura. Do ponto de vista da comunicação, é de relevo sublinhar a função pedagógica das ruas, como tratadas nestas publicações. De um ponto de vista conservador, como se sabe, a infância pobre urbana é quase sempre o menino de rua; aqui os Sem Terrinha nas ruas irrompem no sentido de aprender o significado de dar a conhecer suas lutas e sua existência perante a sociedade.

Confirmando o esforço permanente de formação das crianças na perspectiva de uma educação libertadora, a Revista divulga, na edição de março de 1999, os frutos de uma ação educativa voltada às crianças e adolescentes das escolas do MST. Tal ação teve como eixo uma reflexão sobre o Brasil que queremos, em vista do debate sobre a construção de um projeto popular para o Brasil em contraponto ao projeto neoliberal vigente no então governo de Fernando Henrique Cardoso. Do ponto de vista da ação pedagógica, os jovens e as crianças participam do debate a partir de um concurso combinando textos escritos e desenhos, que terão ampla divulgação não apenas na revista, como ainda nas várias publicações do Movimento e, em alguns casos, suscitam a elaboração de cartilhas e material instrucional de uso corrente na pedagogia das escolas do campo.

> O concurso teve a participação de 15 mil alunos dos acampamentos e assentamentos de Reforma Agrária dos estados de Pernambuco, Piauí, Ceará, Maranhão, Pará, Mato Grosso do Sul, Mato Grosso, Rondônia, Goiás, Minas Gerais, São Paulo, Rio Grande do Sul, Santa Catarina, Paraná e Alagoas.[94]

---

[94] *Revista Sem Terra*, mar. 1999.

Ainda que alguns críticos vejam de modo equivocado o concurso como uma competição, uma vez que estão quase sempre habituados a lidar com os modelos convencionais de escola onde desde cedo se aprende e se ensina a derrubar o próximo e a passar por cima de quem está na frente; destacamos aqui o esforço de realização de tais atos pedagógicos, porquanto mobilizam 15 mil alunos de escolas de acampamentos e assentamentos da Reforma Agrária, de pelo menos 15 estados, tendo como eixo da ação o debate sobre a noção de tempo histórico e de direitos. Os desenhos aqui apresentados resultam, pois, desta pedagogia da ação transformadora. Os textos e desenhos escolhidos fazem parte do caderno "Desenhando o Brasil", afirmando assim as crianças como sujeitos do ato pedagógico e transformando seu desenho em matéria de reflexão, podendo mesmo contrastar as várias visões que emergem de distintos acampamentos e assentamentos. Uma das redações selecionadas, a de Cleonir Jorge de Souza, 9 anos, de Santa Catarina, entende as cores como matéria de um sonho para o Brasil; como se vê abaixo, sua escrita provém de uma vivência em que se aprende da Reforma Agrária como um sonho possível.

Sonho com um Brasil *verde* – dos produtos por nós plantados; *amarelo* – das riquezas construídas por nós trabalhadores; *azul* – sem poluição; *branco* – da liberdade conquistada por nós trabalhadores do campo e da cidade.[95] (grifos originais)

Ainda em 1999, o Setor de Educação do MST lança a segunda edição do concurso de redação e desenho, sob o tema "Feliz aniversário MST", mote de reflexão sobre os 15 anos de luta pela Reforma Agrária no Brasil. Como no anterior, temos

---
[95] *Id. Ibid.*

uma grande participação de crianças e jovens Sem Terrinha de acampamentos e assentamentos de 20 estados.[96]

A fotografia é também um caminho para pensar ações de uma pedagogia da sensibilidade das crianças Sem Terrinha. No caso, a edição de março de 2000 veicula uma longa entrevista com o fotógrafo Leonardo Melgarejo, que havia realizado a exposição "Criança, Terra e Esperança",[97] no Mercado Público de Porto Alegre, como parte da difusão cultural do Fórum pela Reforma Agrária e Justiça no Campo do Rio Grande do Sul, em parceria com o MST. O que é singular na perspectiva do fotógrafo é sua metodologia de trabalho com as crianças Sem Terrinha de até 12 anos. O fotógrafo distribuiu 40 máquinas para uma média de 400 crianças em diferentes acampamentos e assentamentos para que as crianças registrassem seu dia a dia: "eles podiam fotografar o que bem entendessem. Pedimos que registrassem suas vidas".[98]

Na apreciação de Leonardo Melgarejo, a exposição já teria cumprido sua função pelo inédito fato de revelar em cores e sentidos o ponto de vista das crianças expresso em 800 fotografias,

---

[96] Nesse concurso, foram escolhidos os trabalhos de Jaiane Soares Noi, 8 anos, do assentamento 30 de maio, em Charqueada, Rio Grande do Sul; Fábio Barros, do Pará; Jennifer Dantas, 11 anos; e Jonathan Souza, 10 anos, do Acampamento Zumbi dos Palmares, Vila Propício, Goiás; Sony Régis Xavier de Souza, 12 anos, do Acampamento Fazendo Olho D'água, Minas Gerais; Juliana Santos do Nascimento, 10 anos, do Assentamento Lagoa Ouro Verde, Lagoa Grande, Pernambuco; Rita Pingas, do Assentamento Nova Aliança, Palmital, Pará; Gleison Castro M. de Arcebispo, 11 anos, do Assentamento Vale da Esperança, Formosa, Goiás; José Eraldo da Silva Filho, 15 anos, do Assentamento Pedra Vermelha, Arcoverde, Pernambuco; Eva de Souza Gomes, Goiânia, Goiás e Luiz Carlos Alves de Oliveira, 10 anos, do Acampamento Emiliano Zapata, Uberlândia, Minas Gerais.

[97] Leonardo Melgarejo é engenheiro agrônomo, mestre em Economia Rural, e doutor em Engenharia de Produção pela Universidade de Santa Catarina (UFSC). Fotógrafo e colaborador do MST.

[98] Entrevista com Leonardo Melgarejo. *Revista Sem Terra*, mar. 2000.

em torno das palavras-chave "Criança, Terra e Esperança"; no entanto, para além do inédito, o fotógrafo aprecia do trabalho uma identidade de observação, compondo assim a partir das fotos uma visão de mundo das crianças e uma noção concreta de esperança advinda da existência social como Sem Terrinha. Ao final, chegou até ele material registrado por uma média de 400 crianças e 800 fotografias. Cerca de 40 fotografias foram escolhidas para compor a exposição.

> Só por revelar o ponto de vista das crianças, essa exposição, ela já seria inédita. Mas tem também a coerência do trabalho, que chama atenção. Daria para supor que uma mesma pessoa fez um roteiro pelo estado tirando as fotos. Há uma identidade de pensamento por detrás dessas fotos.[99]

Para os fins deste estudo, a análise de uma tipologia diversa de fontes examinadas a partir da *Revista Sem Terra* e em outras publicações do Movimento, como a fotografia, o desenho, a música, abordando o tema da infância, suscita neste ponto uma reflexão em torno do conceito de representação. Procuramos aqui observar de que maneira e com quais intencionalidades a criança é representada nesses suportes. Percebemos que a representação foge aos estereótipos mais comuns, tanto da criança protegida e frágil ao extremo, como daquelas representações vigentes sobre a criança pobre. Neste ponto, a pesquisa acolhe a observação metodológica de Roger Chartier:

> As lutas de representações têm tanta importância como as lutas econômicas para compreender os mecanismos pelos quais um grupo impõe, ou tenta impor, a sua concepção do mundo social, os valores que são os seus, e o seu domínio. Ocupar-se dos conflitos de classificação ou de delimitações não é, portanto, afastar-se do social [...],

---

[99] Melgarejo, Leonardo. "Registro do olhar das crianças Sem Terra, Rosina Duarte". *Revista Sem Terra*, mar. 2000.

muito pelo contrário, consiste em localizar pontos de afrontamento tanto mais decisivos quanto menos imediatamente materiais.[100]

Para uma formação de leitores e leitoras desde a infância

> *Passarinho colorido que voa sem parar*
> *Trazendo harmonia e educação popular*
> (Palavra de ordem dos Sem Terrinha)

As fontes aqui abordadas – o *Jornal Sem Terra*, a *Revista Sem Terra*, as Cartilhas, Cadernos, Coleções de livros editados pelo MST – se situam no plano de uma política de formação, divulgação e comunicação do Movimento. Para além destes planos, buscamos nesta pesquisa compreender sua articulação em torno de um projeto de formação de leitores, de leitores Sem Terra, desde criança. Esse projeto abarca também as publicações do *Jornal Sem Terrinha* e *Revista Sem Terrinha* e dos livros e cartilhas elaborados para um leitor específico: as crianças Sem Terrinha.

Para a formação desses leitores, o MST trilha alguns caminhos para a difusão dessas publicações nos acampamentos e assentamentos e na sociedade como um todo. Aqui iremos nos deter com mais profundidade nos circuitos de difusão dos periódicos *Revista* e *Jornal Sem Terra* e *Revista* e *Jornal Sem Terrinha* e dos Cadernos e Cartilhas elaborados pelo Movimento.

Para o caso do *Jornal Sem Terra*, logo após sua reestruturação e a transformação em formato tabloide, sua edição ficou mais dispendiosa; por isso a Direção Nacional do MST optou também pelo sistema de vendas avulsas, assinaturas e formação de grupos de leitores regulares. Essa estratégia permitiu que o *Jornal* continuasse a ser distribuído junto aos acampamentos, assentamentos e militantes.

---

[100] Chartier, Roger. *Leituras e leitores na França do antigo regime*. São Paulo: Unesp, 2004, p. 258.

Destacamos aqui uma estratégia de leitura, recuperando antigas lições praticadas nos círculos de leitura da imprensa dos trabalhadores em muitos países e em diversos períodos do século XIX.[101] A leitura em voz alta, a leitura em coro, a leitura comentada, a leitura como propaganda social, a leitura encenada – práticas múltiplas que ensejaram uma das mais belas páginas do episódio do autoaprendizado dos trabalhadores – negam em ato a condenação dos pobres à ignorância e ao cultivo do espírito e da sensibilidade. Quando o coletivo de comunicação do MST tenta ensinar que o jornal do Movimento *não deve ser lido sozinho, mas sempre em grupo,* atualiza os modos de leitura que ajudam o coletivo, o círculo, o núcleo a realizar o aprendizado mútuo e o ensino mútuo. Neste caso, se afirma também o princípio da partilha e da solidariedade quando um que, por ventura, sabe mais, ensine a outro que pode saber mais:

> De preferência, o jornal do Movimento não deve ser lido sozinho, mas sempre em grupo: no núcleo do Movimento, na família, na delegacia sindical etc. Isto facilita porque a gente já pode ir tirando as dúvidas, na hora, com outros companheiros e quem não sabe ler tem também a chance de ficar informado.[102]

Ainda quanto à difusão do livro e da leitura internamente à pesquisa no *Jornal Sem Terra*, observa-se um largo espaço para divulgação da coleção *Cadernos de Formação*, que ganharam destaque nas páginas do tabloide, ao lado de livros que abordavam a questão agrária no Brasil, as revoluções radicais em todo

---

[101] Para ver mais sobre o assunto em questão, consultar uma extensa bibliografia presente nos estudos de Adelaide Gonçalves. Gonçalves, Adelaide, *Ceará Socialista. Ano 1919.* Fortaleza: Edições UFC; Editora Insular, 2001; Gonçalves, Adelaide & Bruno, Allyson (org.). *O Trabalhador Gráfico.* Edição fac-similar. Fortaleza: Editora UFC, Sindjorce, Funcet, 2002; Gonçalves, Adelaide. "Trabalhador lê?" *Revista de Ciências Sociais* (Fortaleza), Fortaleza, v. 34, p. 59-75, 2003.
[102] *Jornal Sem Terra*, jul. 1988.

o mundo e as narrativas de memórias de pensadores sociais e perfis militantes de lutadores do povo, homens e mulheres.

O fato de o *Jornal Sem Terrinha* ser publicado como encarte do *Jornal Sem Terra* parte, pelo menos, de uma dupla estratégia; por um lado, favorece sua maior circulação, chegando aos acampamentos, assentamentos e escolas do campo; por outro lado, afirma o compromisso da publicação e do próprio Movimento em relação a seu público leitor específico. Uma questão a considerar diz respeito à tiragem do *Jornal*, dado que as condições materiais não permitem sua circulação para todas as famílias no Movimento. Como se viu anteriormente, esta também é uma razão objetiva para a motivação da leitura em grupo, nas reuniões e nos demais momentos coletivos. Para as crianças, o *Jornal Sem Terrinha* favorece o aprendizado nas escolas do campo e nas cirandas infantis, disseminando assim práticas de leitura coletiva. Neste ponto, cumpre assinalar a construção de uma metodologia específica de trabalho em sala de aula a partir do *Jornal*. Isto é o que se observa na pesquisa quando o grupo de editores recomenda aos educadores do campo que se façam cópias do *Jornal* para que todas as crianças possam realizar as atividades escolares ali propostas.

A *Revista Sem Terrinha*, publicada desde 2009, confirma nossa hipótese, quando do primeiro enunciado desta pesquisa, em relação à construção identitária das crianças no MST. Como sabemos, um projeto editorial deste tipo se depara com grandes dificuldades de ordem material quanto à impressão, tiragem, circulação e definição de periodicidade. Ainda assim, se luta para driblar as dificuldades objetivas, conferindo prioridade à tiragem de uma bonita revista em cores dirigida aos Sem Terrinha.

A *Revista Sem Terrinha* se destina a um público leitor espalhado em acampamentos e assentamentos em todo o Brasil, sendo as crianças acima dos 6 anos seus potenciais leitores; seu material se distribui por 20 páginas, apresentando narrativas mais longas, entremeadas de ilustrações e fotografias. Por suas páginas, os Sem Terrinha têm a possibilidade de se reconhecerem nos desenhos e nas fotografias de seus próprios momentos da luta social.

A *Revista* participa ativamente daquele projeto de formação dos pequenos leitores. Nesta pesquisa, além da *Revista*, apresentamos outros suportes específicos de difusão da leitura dos Sem Terrinha: cartilhas, cadernos e livros. O livro e a biblioteca têm motivado periódicas campanhas por parte do Setor de Educação do MST, sendo muito comum encontrarmos nos assentamentos e escolas do campo bonitos cartazes retratando cenas de leitura protagonizadas pelas crianças, como também, em muitos desses lugares, é possível encontrar em um cartaz a frase: "Onde tem um Sem Terra, tem um livro". Quanto às pequenas bibliotecas e modestas salas de leitura, convém ressaltar que são, muitas vezes provenientes de campanhas de solidariedade, quando os livros doados se juntam em pequenas bibliotecas espalhadas pelos acampamentos e assentamentos Brasil adentro.

Cumpre assinalar ainda um grande esforço militante do MST, no que respeita ao estímulo às editoras populares, como é o caso do programa editorial da editora Expressão Popular. Nesta, uma pesquisa em seu catálogo de títulos e preços confirma a disposição quanto à edição dos clássicos do pensamento crítico, como ainda de estudos originais em torno das questões candentes do campo e da cidade no Brasil e na América Latina; dos perfis militantes do pensamento social brasileiro; dos estudos acadêmicos realizados desde o campo interdisciplinar da geografia e da história como exemplo. De destaque ainda um esforço editorial inédito no Brasil quanto à edição de uma das mais significativas coleções sobre a Questão Agrária no Brasil, organizada por João Pedro Stedile. No catálogo da Expressão Popular, encontramos também livros destinados às crianças. Esse conjunto de impressos a que aqui estamos nos referindo associados a místicas e práticas cotidianas da militância do MST são também as vozes responsáveis pela imagem da infância Sem Terra em circulação.

Os temas da leitura e dos impressos conduziram toda nossa análise e reflexão neste capítulo. Fizemos o esforço metodológico de dar relevo às crianças por dentro dos principais meios de comunicação do MST: A *Revista* e o *Jornal Sem Terra*.

Nesses instrumentos, percebemos que as crianças em suas páginas estavam mais comumente associadas às pautas da violência, da negação de direitos e, sobretudo, da Educação e Formação.

No capítulo 3, nos deteremos, especificamente, aos impressos feitos pelas e para os Sem Terrinha: a coleção Fazendo História, o *Jornal* e a *Revista Sem Terrinha*. Observaremos como esses impressos ecoam o que vem das ruas, dos Encontros, Mobilizações e Jornadas de Lutas dos Sem Terrinha, das cirandas permanentes e itinerantes que acompanham o Movimento em todas as suas atividades.

OS SEM TERRINHA E UMA PEDAGOGIA DA LUTA SOCIAL

*Sem Terrinha em ação
pra fazer Revolução*
Palavra de ordem dos Sem Terrinha

Livros e leitores e leitoras fazendo História

Identificamos nesta pesquisa, como projeto de formação de leitores desde a infância, a iniciativa editorial da *Coleção Fazendo História* como uma das mais significativas. A coleção é formada por sete cadernos publicados entre 1994 e 2001 pelo Setor de Educação do Movimento Sem Terra. Quase sempre eram publicados no período com a colaboração de professores universitários próximos ao Movimento.

Os estudos que abordam a literatura infantil no Brasil contemporâneo observam que seus temas e personagens, em sua maioria, têm sua narrativa referenciada no imaginário urbano, mesmo quando envereda no campo dos elementos místicos e maravilhosos. Neste sentido, a coleção aqui estudada pode ser percebida como iniciativa que procura se dirigir mais especificamente às crianças dos acampamentos e assentamentos do MST. Também é o caso de refletirmos sobre seu efeito quanto à difusão do livro e da leitura entre as crianças, em uma sociedade que celebra a cultura de massa, como se observa no seguinte estudo de Eliana da Silva Felipe:

As crianças, do campo ou da cidade, ricas ou pobres, são consumidoras reais ou em potencial da cultura de massa. Programas de televisão (gerais ou infantis), filmes nacionais, música eletrônica ou sertaneja constituem uma parte importante do equipamento cultural das crianças, como o são de muitas crianças do país. Neste patamar, não há excluídos.[1]

A coleção Fazendo História é composta por sete títulos: *A comunidade dos gatos e o dono da bola; 300 anos de Zumbi; A história de uma luta de todos; Ligas Camponesas; Nossa turma na luta pela terra; Semente e História do menino que lia o mundo.*

O primeiro caderno da coleção chega a seu público com duas histórias: *A comunidade dos gatos* e *O dono da bola*, elaboradas pelos educandos do Curso Nacional de Pedagogia, em Belo Horizonte, em janeiro de 1994. No prólogo à edição, afirmam a natureza de seu público e definem o pressuposto da leitura como ato educativo constituinte de sua formação militante na luta pela Terra e Reforma Agrária:

> Porém, surge para atender mais especialmente essa grande gente miúda, que são crianças e jovens assentadas ou ainda acampadas em todo o Brasil. Crianças e jovens que sonham que cantam e encantam. Que alimentam esperanças, que dão coragem, que são perseverantes. Que expressam ternura, carinho, medo, paixão, e que já participam da luta pela terra e Reforma Agrária. E que também sabem da importância de estudar bastante para ajudar o MST a crescer.[2]

Ainda de acordo com a própria publicação, os cadernos têm como maior preocupação "provocar o desejo, o prazer e o gosto pela leitura em nossas crianças e jovens".[3] O Setor de Educação do MST trabalha aqui no sentido de incentivar o gosto pela

---

[1] Felipe, Eliana da Silva. *Entre campo e cidade*: infância e leituras entrecruzadas – um estudo no assentamento Palmares II, PA. Tese (Doutorado em Educação) – Faculdade de Educação, Universidade Estadual de Campinas, Campinas, 2009.
[2] MST. *A comunidade dos gatos e o dono da bola*. São Paulo, 1994. (Coleção Fazendo História, n. 1).
[3] *Ibid.*

leitura desde a infância e também a necessidade de estimulá-la no tempo do estudo e do lazer dos pequenos. O contato com os livros, nessa idade, é desafiador, e é a partir desse contato que o senso estético das crianças vai se formando, bem como seu aprendizado enquanto leitores. Também o título da coleção é instigante: *Fazendo História,* sugerindo que as crianças, desde cedo, participam da própria construção da história de suas lutas. Por isso, também é significativo que elas conheçam, por meio da leitura, outras histórias, que transmitam valores e afirmem um sentimento de pertença ao Movimento Sem Terra.

A apresentação do primeiro caderno encerra-se com as seguintes frases: "Boa leitura. Bom trabalho. Estudem muito, porque de vocês depende a continuidade da nossa luta".[4] E porque as crianças continuarão a luta é preciso que conheçam outras histórias. Inclusive, a história da própria formação do Movimento, em uma linguagem simples, um texto construído de maneira lúdica e com muitas ilustrações. E assim as crianças vão forjando suas identidades em um território,[5] que não é apenas a localização geográfica de seu assentamento ou acampamento, mas sim uma posição no território da luta e dos povos do campo dos quais o MST faz parte.

Em todos os livros da coleção, a questão da memória como formadora da identidade individual e coletiva do Sem Terra é marcante. Seja quando se conta a história das Ligas Camponesas, a formação do MST ou quando se fala da vida de Paulo Freire para as crianças.

---

[4] *Ibid.*
[5] Cabe dizer que o tema da identidade Sem Terra é tratado, mesmo que não de forma central, em vários trabalhos sobre o MST. São textos produzidos por militantes e pesquisadores como Ademar Bogo, Roseli Caldart e João Pedro Stedile, entre outros.

A primeira história é *A comunidade dos gatos,* descrita como "Uma história antiga, ah! Do tempo do nosso bisavô, da nossa bisavó".[6] A história, provavelmente, é uma das muitas contadas pelos pais aos filhos, nos serões à noite ou mesmo pelas professoras nas escolas em algumas das regiões do Brasil. É certo que tem origem na cultura oral, aqui sistematizada e publicada em meio impresso.

> Leia a história e depois você me responde se essa história de gato que come gato e vira tigre é ou não é verdadeira, e ainda mais, vai me responder se essa história tem alguma coisa em comum com a comunidade dos homens.[7]

A história contada é uma fábula, que tem como personagens gatos que vivem em uma comunidade onde havia casas e comida para todos, onde se faziam festas, cantavam, dançavam, onde os gatos grandes e os pequenos viviam juntos trabalhando, enfim, onde eram felizes. Aqui há uma analogia tanto com os assentamentos do Movimento como também com a projeção de um modelo de sociedade onde as pessoas viveriam em comunidades como a descrita na história.

> Todos que passavam por lá ficavam muito alegres e, se precisassem comer ou dormir, a comunidade dos gatos com muito carinho os recebia. Se tinha pouca comida, ela era dividida mesmo assim. Aconteciam problemas também. Acontecia de alguns ficarem doentes. Mas um grupo de gatos tinha a tarefa de chamar todos quando aparecia um grande problema para juntos resolverem.[8]

A história se desenrola quando um grupo de gatos sai pela mata e se perde. Passam muitos dias com fome, até que um dos gatos resolve ir comendo, um por um, os companheiros,

---

[6] MST. *A comunidade dos gatos e o dono da bola.* São Paulo, 1994. (Coleção Fazendo História, n. 1).
[7] *Ibid.*
[8] *Ibid.*

para saciar sua fome. Quanto mais comia gatos, mais crescia, até que se tornou um tigre. Um dia ele encontrou de novo a comunidade, mas já estava acostumado a comer gatos e lá continuou. Foram sumindo muitos membros da comunidade. Ao mesmo tempo, o gato-tigre se tornava poderoso e escravizava os outros gatos. Até que, um dia, a comunidade se reuniu em assembleia e resolveu se unir para lutar contra o gato tirano. Prepararam uma armadilha e prenderam o gato-tigre. Como nas fábulas tradicionais, o texto traz uma moral. Nesse caso, a de que a união e o trabalho coletivo conseguem vencer qualquer obstáculo. Esses valores são transmitidos às crianças leitoras, no intuito de serem incorporados também em sua vivência cotidiana.

No mesmo caderno há outra história, *O dono da bola*. Dessa vez, os protagonistas são crianças. No início de cada texto, há uma espécie de apresentação da história, com perguntas questionadoras feitas em linguagem lúdica. Nessa segunda história, as perguntas giram em torno do brincar e das brincadeiras, sobre brincadeiras individuais e coletivas. Daniel é o personagem central da história. Menino de família rica, brincava sempre sozinho. Um dia, sua mãe o deixa brincar na rua, com os outros meninos. Daniel foi e levou uma bola de futebol e, como era o dono da bola, quis organizar o jogo do seu jeito. Gritava e humilhava os outros garotos. Assim, o jogo não aconteceu, e Daniel voltou para casa com sua bola. As coisas começam a mudar na história justamente em um assentamento, que, na coleção, é sempre a representação de um lugar feliz. Na história, o pai de Daniel é médico e atende um assentamento. Um dia, Daniel vai com o pai e, no assentamento, depara-se com as crianças jogando futebol:

> Daniel, observando atentamente, percebeu que todos jogavam com garra, alegria e sem brigas. Na hora dos gols era uma festa, o time

que estava perdendo reclamava, mas respeitava o vencedor: tudo era surpreendente para Daniel.[9]

Depois de observar o desenrolar do jogo, um dos meninos se machuca, e Daniel se oferece para substituí-lo. O grupo aceita, e Daniel passa a compor o time. Os valores presentes nessa história são, novamente, a importância do coletivo em detrimento do individual. O grande problema a ser resolvido era o egoísmo e o individualismo de Daniel, que, mesmo tendo dinheiro, uma casa bonita e brinquedos, não tinha amigos. Por outro lado, as crianças do assentamento prezavam pelo convívio e pelas brincadeiras coletivas e eram felizes. É interessante observar o deslocamento do personagem Daniel.

O segundo caderno da coleção Fazendo História foi publicado em 1995, em memória dos 300 anos do nascimento de Zumbi dos Palmares. O título, *Zumbi: o comandante guerreiro*,[10] dá o tom de exaltação da figura de Zumbi, presente em toda a publicação. Este segundo caderno também foi produzido por educandos da turma do Curso Nacional de Pedagogia em Belo Horizonte.

Na apresentação, a trajetória de Zumbi é apresentada aos pequenos leitores como uma "história real", ocorrida no Brasil no final do século XVII e início do século XVIII. A narrativa se dá a partir da perspectiva da luta, da organização, dos sonhos e do trabalho do povo negro escravizado.

A história relata desde a conquista pela liberdade, a formação do Quilombo e o nascimento de seu líder; até a bravura, o amor, o sonho por justiça, a alegria e as decepções desse povo.[11]

---

[9] MST. *A comunidade dos gatos e o dono da bola*. São Paulo, 1994. (Coleção Fazendo História, n. 1).
[10] MST. *Zumbi: o comandante guerreiro*. São Paulo, 1995. (Coleção Fazendo História, n. 2).
[11] *Ibid.*

As palavras romanceadas não escondem a partir de que posição a história de Zumbi é contada. Não há preocupação de contar os fatos com rigor historiográfico, de narrar da maneira como tudo aconteceu. Inclusive são utilizadas palavras no texto que não eram de uso corrente na época.[12] A intenção é contar uma história situando Zumbi e a comunidade que formava o Quilombo dos Palmares como referências na luta e organização dos pobres. É reivindicar também para o MST essa luta como herança social, rendendo homenagem à memória de Zumbi.

O texto é elaborado de uma maneira que a leitura torna-se envolvente para as crianças. A ludicidade está presente em suas páginas e o enredo concentra-se no antagonismo existente entre os senhores de engenho e os escravos, em uma referência à oposição entre ricos e pobres. O convite à leitura é feito no último parágrafo da apresentação, assinada pelo setor de educação do MST:

> Então, você que gosta de ler, que tem desejo e vontade de querer saber sempre mais e tem interesse na história dos heróis trabalhadores, está convidado a mergulhar nessa história.[13]

A forma e o conteúdo das narrativas da coleção remetem às narrativas orais, sua historicidade, seus elementos constitutivos e à maneira como são contadas, nos fazendo perceber que, mesmo havendo diferenças entre a narração oral e a escrita, as duas formas não são opostas. E, nesse casso específico, a escrita da coleção é inspirada nas histórias narradas oralmente para as crianças.

Outro elemento, em nossa análise, é a memória. Na história da memória, o surgimento da escrita representou um novo poder. Com a democratização da leitura e da escrita no século

---

[12] Por exemplo, no trecho da página 6: "Fizeram uma primeira *reunião* na senzala para achar um jeito de se libertar da escravidão; queriam fugir daquela vida cruel" (grifo nosso).

[13] MST. *Op. cit.*

XV, este poder não é mais um elemento vinculado a apenas um grupo social, mas torna-se uma ferramenta passível de ser democratizada, como forma de rompimento com os esquecimentos e com os silêncios de memórias até então ocultadas pelo poder de inscrição nas páginas da história.[14]

Fazendo uso dessa habilidade adquirida, que é o domínio da escrita e de sua difusão, o Movimento Sem Terra atualiza determinadas memórias das lutas sociais como legado e herança. É assim com Zumbi, que ganha essa publicação em uma data importante, os 300 anos de seu nascimento. É, pois, uma maneira de se atualizar a memória. Não se pode afirmar que as crianças dos assentamentos e acampamentos só terão contato com essa memória atualizada pelo Movimento. Em sua família, na escola, em suas relações de amizade ou mesmo pelos meios de comunicação de massa, vem a memória do que ser lembrado em disputa, seja no calendário oficial do estado, nas figuras, datas e lugares exaltados pelo capitalismo e também pelas escolhas feitas, nesse sentido, pelo MST.

Vale lembrar que todos esses elementos são constituintes de identidades, não sem conflitos e disputas, mas de uma forma em que somos afetados pelo passado naquilo que dele interrogamos.

> Ninguém pode construir uma autoimagem isenta de mudança, de negociação, de transformação em função dos outros. A construção da identidade é um fenômeno que se reproduz em referência aos outros, em referência aos critérios de aceitabilidade, de admissibilidade, de credibilidade, e que se faz por meio da negociação direta com os outros. Vale dizer que memória e identidade podem perfeitamente ser negociadas, e não são fenômenos que devam ser compreendidos como essências de uma pessoa ou de um grupo.[15]

---

[14] Le Goff, Jacques. *História e memória*. Campinas: Unicamp, 1992.
[15] Pollack, M. *Memória e identidade social*: estudos históricos. v. 5, n. 10. Rio de Janeiro, 1992, *apud* Lucine, Marizete. *Memória e história na formação da identidade Sem Terra no assentamento Conquista na Fronteira*. 2007. Tese (Doutorado

A narrativa sobre o Quilombo de Palmares inicia-se com a fuga de alguns escravos de um engenho em Pernambuco, sob a liderança de Ganga Zumba. Segundo a narrativa, ele teria "fundado" o Quilombo de Palmares. O lugar é descrito como *o bom lugar*, assim como, no caderno n. 1 da coleção, foram descritos a comunidade dos gatos e o assentamento:

> No quilombo, todos trabalhavam; as crianças aprendiam a capoeira, brincavam e também ajudavam na produção. O fruto do trabalho era dividido entre todos. Longe do Pelourinho, do tronco e do chicote do feitor, eles puderam viver seu sonho de liberdade, desenvolver suas crenças e rituais.[16]

Logo após, é narrado o nascimento de Zumbi, incumbido da liderança do Quilombo, mas o menino é roubado pelos jagunços dos senhores de engenho. Por sua vez, um padre rouba Zumbi dos jagunços e o cria. Quando completa 15 anos, Zumbi foge de volta para o Quilombo dos Palmares, torna-se líder e enfrenta, junto a seu povo, vários ataques empreendidos pelos ricos senhores da região. Até que é morto em uma das batalhas:

> Os bandeirantes foram atrás e encontraram Zumbi sentado num lajeado. Ao vê-los, Zumbi fica de pé, antes que possa falar é fuzilado. Zumbi joga sua espada para o alto e diz: – Vocês podem me matar, mas os ideais de liberdade vocês não matarão, e grita: – *LI...BER... DA...DE..!*[17] (grifo original).

De todo o texto, o momento da morte é descrito como o mais glorioso. É na morte causada pela luta em defesa do Quilombo dos Palmares que Zumbi se eterniza no imaginário social. Na última página do livro, há uma síntese da história de Zumbi,

---

em Educação) – Faculdade de Educação, Universidade Estadual de Campinas, Campinas, 2007.
[16] MST. *Zumbi:* o comandante guerreiro. São Paulo, 1995. (Coleção Fazendo História, n. 2).
[17] *Ibid.*

também ressaltando sua coragem e heroísmo. Na última frase desse texto, encontramos uma afirmação feita pelo próprio Movimento, para que essa história seja contada: "Para muitos revolucionários, Quilombo dos Palmares pode ser considerado a Primeira República Livre da América Latina".[18]

Pode-se situar também essa série de publicações como um esforço educativo do MST voltado para as crianças. Na luta pela terra, todos se educam no processo. Nas marchas, ocupações, manifestações, na escola e no aprendizado da leitura. Na perspectiva do MST, a educação se dá na medida em que as crianças cultivam a memória das lutas e do legado do passado, quando registram essas histórias que situam a experiência do MST em um contexto histórico mais amplo. Educam-se quando olham para o passado impulsionadas pelas lutas do presente e já encontrando as sementes do futuro. A reafirmação de uma pedagogia do movimento, formador dos sujeitos, alicerça-se, portanto, na memória de suas lutas, no registro de sua história e na relação a ser estabelecida entre a história do sujeito e o contexto histórico. Tais elementos são constituintes da identidade das crianças Sem Terra. Em sua pesquisa, Marizete Lucini aponta:

> Tomamos a narrativa como o fio que produz *identidade*, seja ela de um grupo social ou de um indivíduo. [...] Nosso interesse se volta para a narrativa histórica como um dos elementos constituintes da *identidade* de um determinado grupo social, os sujeitos Sem Terra. [...] A *identidade* Sem Terra encontra no movimento temporal entre o espaço de experiência e o horizonte de expectativa a possibilidade de sua constituição, ancorando-se na história e na memória, como substratos de sua formação.[19]

---

[18] *Ibid.*
[19] Lucine, Marizete. *Memória e história na formação da identidade Sem Terra no assentamento Conquista na Fronteira*. Tese (Doutorado em Educação) – Faculdade de Educação, Universidade Estadual de Campinas, Campinas, 2007.

Quando nos referimos, especificamente, ao papel que a Coleção Fazendo História pode desempenhar na formação da identidade dos Sem Terrinha, analisamos que esta se constitui também na busca de referências que justifiquem essa condição – de Sem Terrinha e a continuidade nessa luta. Identidade forjada também com base na interpretação das histórias narradas, na prática social vivenciada. Na vivência cotidiana, essas práticas são experimentadas coletivamente. As crianças integram o coletivo do acampamento, do assentamento e do MST.

Também contribuindo para a construção identitária e o cultivo da memória, o caderno n. 3 da coleção trata da própria história do Movimento Sem Terra, como "a história de uma luta de todos".[20] Também esse volume tem um percurso diferente dos demais até sua publicação; foi elaborado pelas crianças Sem Terrinha da escola do Assentamento Nova Ramada, em Santa Catarina. Participaram da produção da cartilha 74 crianças, 11 adultos, entre pais e mães dessas crianças, e sete professores da Escola Construindo o Caminho, localizada no assentamento Nova Ramada, na cidade Júlio de Castilhos, no Rio Grande do Sul. O grupo contou com a colaboração do professor universitário Marcos Gehrke.

A cartilha é fruto da experiência de construção de uma escola diferente, onde as crianças aprendem e agora ensinam sua própria história, no dizer de Teresinha Corneli, em seu texto de apresentação:

> Quando se fala em uma história diferente, em educar para a realidade, podemos nos perguntar: como fazer isso?
> Nesta cartilha, estão os frutos da escola diferente. Crianças resgatando sua história, cultivando suas raízes, trabalhando a cooperação,

---
[20] MST. *A história de uma luta de todos*. São Paulo, 1996. (Coleção Fazendo História, n. 3).

fazendo-se verdadeiros cidadãos, professores doando-se na difícil e sublime tarefa de educar.
Lendo esta pequena cartilha, produzida pelos alunos de nossa escola, confesso, senti-me emocionada e gratificada.
Emocionada por ver trazida à tona a história de nossas vidas. História, amor, luta, coragem e solidariedade.
Gratificada de ver que nossa luta não foi em vão, nossos filhos assimilaram tudo isso, continuam fiéis aos nossos valores, e, acima de tudo, estão se tornando cidadãos críticos e conscientes de suas responsabilidades e direitos.
A história de uma luta de todos é realmente nossa vida.
Esperamos sinceramente contribuir para que as pessoas possam conhecer a nossa verdadeira história e o nosso modo de vida.[21]

A cartilha conta como era a vida de sua família antes de chegarem ao acampamento como trabalhadores das antigas fazendas da região e também daqueles que viviam nas cidades, geralmente em favelas, pagando aluguel e sem trabalho fixo. Conta também os passos dados na mobilização das famílias, nas reuniões até a ocupação da terra.

É importante destacar que, neste caderno da coleção, dedicado a contar a história da formação do MST no Brasil a partir de uma das primeiras e mais importantes ocupações, a da Fazenda Annoni, quem está sistematizando e contando a experiência são as crianças filhas dos agricultores e agricultoras que estiveram no acampamento e hoje continuam famílias assentadas.

Vários detalhes do dia da ocupação são ressaltados na narrativa, a partir da evocação de memória das famílias. Em destaque, os medos e angústias do dia da ocupação, a resistência, bem como a desistência de alguns. O texto é narrado em primeira pessoa, já que algumas das crianças também participaram da ocupação. Apesar de bem pequenas, elas, na narrativa, se incluem como participantes.

---

[21] *Ibid.*

> A organização escolar do acampamento era muito boa, porque, dentro de um mês, nós crianças já estudávamos numa escola de madeira feita por nossos próprios pais e com professores do acampamento. Nossas brincadeiras no acampamento eram várias: nós brincávamos de casinha, carrinho, de casamento, na chuva, jogávamos futebol, jogando bolitas, caçando com estilingue. Por isso, ficávamos doentes facilmente, porque havia pouca água e tínhamos que tomar banho todos juntos e na mesma água, e se um tinha alguma doença transmitia para os outros.[22]

A infância e a presença das crianças encontram-se na narrativa como sujeitos sociais, não tendo importância se são as crianças que escrevem ou seus irmãos e amigos que lá estavam. Também é narrado na cartilha um dos mais comentados acontecimentos do acampamento da Annoni, ao qual nos referimos no capítulo anterior: em meio ao cerco policial, as crianças do acampamento juntam-se e oferecem flores aos soldados.

Interessou-nos aqui analisarmos, nesta cartilha, especificamente o fato de ter sido escrita por crianças, no espaço escolar, e de que muitas outras crianças tiveram acesso a esse material em escolas, cirandas, em outras atividades coletivas ou mesmo individualmente, em sua casa. Podemos afirmar que esse exercício de leitura e de escrita, estimulado pelo Movimento Sem Terra, faz com que essas práticas de produção de conhecimento assumam centralidade no conjunto da vida dessas crianças. O modo como as crianças constroem suas vidas e seu estar no mundo passa pelo que leem e escrevem, passa também pelas formas e intencionalidades dessas leituras e desses escritos.

E não são apenas os livros que constituem os suportes de leituras das crianças nos acampamentos e assentamentos. Muitas vezes, driblando as dificuldades quanto à circulação dos impres-

---

[22] MST. *A história de uma luta de todos*. São Paulo, 1996. (Coleção Fazendo História, n. 3).

sos, se apropriam do que têm à mão para ler: jornais, revistas e cartilhas produzidas pelo Movimento Sem Terra. Nesse grupo, incluem-se outros jornais, outras revistas, bulas de remédio, papéis achados à beira do caminho.

Roger Chartier,[23] quando se refere à existência de objetos "mais humildes" que o livro, para compreender a história da leitura, afirma a historicidade dos panfletos, brochuras e outros papéis soltos, que, por estarem mais próximos do cotidiano do povo, talvez tenham sido mais decisivos na difusão de ideias contra a ordem vigente.

É preciso considerar que as crianças do MST encontram-se, muitas vezes, inseridas em uma comunidade que se esforça para estimular a prática do estudo e da leitura. Mas também as crianças, na medida em que vão ampliando suas experiências de leitura, contribuem para a constituição de um ambiente de leitura que inclui os adultos: pais e avós.

Em uma época da vida em que a subjetividade está em formação, as leituras têm papel fundamental na definição de traços da personalidade das crianças. Talvez os livros lidos e as histórias escutadas atuem com força parecida ao papel da escola na formação das crianças e adolescentes. A leitura é formadora, ainda que não estritamente na perspectiva pedagógica. Em sua tese de doutorado sobre as práticas de escrita e leitura de crianças que vivem na periferia, Sandra Maria Sawaia, afirma que:

> Não há um mundo infantil à parte. Elas são participantes ativas de tudo o que se passa e o grupo lhes concede uma voz, um nome, fazendo delas, pelas várias histórias que vão reunindo, um corpo único. A história de cada uma está distribuída pela boca de todas.[24]

---

[23] Chartier, Roger. *Leituras e leitores na França do antigo regime*. São Paulo: Unesp, 2004.
[24] Sawaya, Sandra Maria. *A leitura e a escrita como práticas culturais e o fracasso escolar das crianças de classes populares*: uma contribuição crítica. 1999. Tese (Dou-

Para Fernando Pessoa, "as crianças são muito literárias porque dizem como sentem e não como deve sentir quem sente segundo outra pessoa".[25] Entretanto, os sentidos que as crianças instauram, nas suas escrituras, têm historicidade e carregam as marcas das relações sociais nas quais elas se articulam. Falando sobre o lugar que o trabalho ocupa na vida das crianças de um assentamento, Eliana da Silva Felipe afirma:

> Uma infância desprovida de preocupações práticas e materiais é incompatível com a realidade do campo. Por exigências da vida prática, as crianças são compelidas para uma inversão moderna. O trabalho doméstico, que a maioria das crianças entende como 'ajuda' e não como trabalho propriamente dito, é assimilado como dever moral. No interior de uma economia predominante familiar, o trabalho doméstico é na maioria das vezes espontâneo, não convocado.[26]

O trabalho, nesse caso, é partilhado entre adultos e crianças e expressa um princípio organizativo da vida social camponesa. A partilha e a cooperação definem uma sociabilidade, uma maneira de estar junto, de organizar e conferir sentido às tarefas do dia a dia. O trabalho também é uma forma de inscrição das crianças na esfera pública, fazendo com que elas tenham maior controle sobre o tempo e os lugares. Certamente, esse é um elemento constitutivo da identidade das crianças pobres, sejam elas do campo ou da cidade.

Como especificidade das crianças nos acampamentos e assentamentos, destacamos que, diferentemente da experiência de outras crianças das classes populares, elas extrapolam a experiência do lugar. Elas participam de esferas políticas que o Movimento

---

torado em Educação) – Instituto de Psicologia, Universidade de São Paulo, São Paulo, 1999.
[25] Pessoa, Fernando. *Livro do desassossego*. 4. ed. São Paulo: Brasiliense, 1986.
[26] Felipe, Eliana da Silva. *Entre campo e cidade*: infância e leituras entrecruzadas – um estudo no assentamento Palmares II, PA. 2009. Tese (Doutorado em Educação) – Faculdade de Educação, Universidade Estadual de Campinas, Campinas, 2009.

Sem Terra articula, geralmente, em cidades de maior infraestrutura do estado, como os Encontros de Crianças Sem Terra, o que lhes permite experimentar experiências de formação, além daquelas proporcionadas pela escola.

O caderno seguinte da coleção *Fazendo História* convoca outra vez a memória das lutas do campo e conta a história das Ligas Camponesas. O caderno foi produzido em 1997, pelo Setor de Educação do Movimento Sem Terra e conta a história das Ligas por meio da família do menino Joca e de seus pais Sebastião e Zefinha, moradores do engenho Galileia, na cidade de Vitória de Santo Antão, zona da mata canavieira, em Pernambuco, conhecido berço das Ligas Camponesas.

A publicação traz o contexto da agricultura no interior dos engenhos do Nordeste, nas décadas de 1950 e 1960, e as relações de trabalho e de compadrio que permeavam a vida dos que lá moravam. A história passa pela criação da Sociedade Agricultora de Plantadores e Pecuaristas de Pernambuco (SAPP), criada no engenho Galileia e sua primeira organização em torno da criação de uma "caixinha" para que aqueles que morriam na comunidade tivessem direito a um enterro digno.

A organização dos trabalhadores se fortalece à medida que a opressão aumenta. O deputado Francisco Julião entra na história como advogado dos trabalhadores.

> As Ligas Camponesas tiveram início no Engenho da Galileia em Pernambuco em 1955 e duraram até 1964. O trabalho de Julião como conselheiro também aumentou e ele contava com a ajuda de mais uns dois ou três advogados que viajavam para a Paraíba e Alagoas para ajudar a organizar os trabalhadores e defendê-los quando era necessário. Para organizar melhor este trabalho, começaram o escritório das Ligas Camponesas.[27]

---

[27] MST. *Ligas camponesas*: 1955-1964. São Paulo, 1997. (Coleção Fazendo História, n. 4).

A partir da organização nas Ligas, os trabalhadores conseguem a desapropriação do engenho Galileia. Na sequência, Juca continua a narrar a história das Ligas até o golpe ditatorial de 1964. Na narrativa, Sebastião, pai de Joca, uma das lideranças das Ligas em Pernambuco, é perseguido e preso pela ditadura. O tempo passa, e, no ano de 1988, Joca, já casado, continua a morar no interior e torna-se professor e agricultor. Nesse momento, ele conhece o Movimento Sem Terra.

> Assim ele conheceu o MST – Movimento dos Trabalhadores Rurais Sem Terra. Joca, convivendo com os Sem Terra, foi se dando por conta de como mudou o jeito de conquistar a terra: hoje por ocupação. Ocupações essas organizadas por um Movimento de caráter nacional, com decisões coletivas diferentes do movimento que ele participou quando criança. E, ao voltar para casa, ele e Jandira, foram tratando de procurar as ocupações existentes na sua região. Foram assumindo tarefas dentro do MST. E dessa forma eles hoje vivem lutando pela Reforma Agrária, mostrando que essa luta tem de ser de toda a sociedade.[28]

"Nossa turma na luta pela terra", esse é o título do quinto caderno da *Coleção Fazendo História*, publicado em 1998.[29] A grande novidade, nesse número, deve-se ao formato. A história de ocupação de terras é contada em quadrinhos, elaborados por Carlos Alberto Feliciano. O enredo desenvolve-se a partir da ótica da criança em meio à organização de uma ocupação e da vida levada por muito tempo em um acampamento.

> A estória desta revista representa as histórias de muitas crianças Sem Terra. São histórias da luta pela terra que acontecem em todo o Bra-

---

[28] *Id. Ibid.*
[29] Esta edição foi elaborada pelos estudantes Andréia R. G. Duarte e Carlos Alberto Feliciano, da Universidade de São Paulo (USP), sob a orientação da professora Regina Sader, também da USP, e do professor Bernardo Mançano Fernandes, da Universidade Estadual Júlio de Mesquita Filho (Unesp). Houve ainda a colaboração do professor Arivaldo Umbelino, também da USP.

sil. Cada história é uma experiência diferente que as crianças Sem Terra viveram junto com suas famílias.

Essas histórias marcaram as vidas das famílias Sem Terra. Quando lemos as histórias, podemos perguntar: porque aconteceu essa luta? Por que participamos da luta? Esse é um jeito de conhecer melhor a nossa história e de construir nossa memória. Se perdermos a nossa memória, ou seja, a nossa história, perdemos a nossa identidade. A identidade é importante porque ela mostra quem somos. Ser Sem Terra é ter uma identidade da qual todos devem se orgulhar.

O Brasil inteiro conhece e admira os Sem Terra. Muitos países do mundo conhecem os Sem Terra. E como eles são conhecidos? Por suas histórias de luta e de resistência. As ocupações de terra são notícias nos jornais e na televisão quase todo dia. Sem os acampamentos, os Sem Terra não conseguiriam a terra. Essa é a realidade que foi pesquisada e escrita na forma de estória neste livro que você vai ler.

Aqui vai ver e rever momentos importantes da luta pela terra e pela reforma agrária. Para quem passou por essa experiência, vai conhecer uma rica experiência de vida de uma das maiores lutas desse país.

Quem escreveu essa estória em quadrinhos foram dois estudantes de geografia: o Cacá e a Andréia. Eles fizeram essa revista porque admiram os Sem Terra e principalmente as crianças. Por causa disso, eles visitaram dois acampamentos e vários assentamentos, em 1996, no estado de São Paulo. Eles queriam escrever uma história em que as crianças fossem vistas como personagens importantes da luta. Desse modo, essa é a história de João Paulo, Marília e outras crianças Sem Terra que vão participar na construção das suas histórias. Os Sem Terra fazem exatamente isso: constroem as suas histórias e nós não podemos ficar fora delas. Portanto...".[30]

João Paulo é a primeira criança a aparecer no texto, ainda bebê. Ele nasce na zona rural do município de Custódio Cerqueira, no interior de São Paulo, mas, devido à introdução das máquinas no trabalho rural, são obrigados a migrar para a pe-

---

[30] MST. *Nossa turma na luta pela terra*. São Paulo, 1997. (Coleção Fazendo História, n. 5). Apresentação escrita por Bernardo Mançano Fernandes.

riferia da cidade. E a realidade da família é permeada pela pobreza, a violência e a negação de direitos básicos, como moradia.

No decorrer da história, a família é inspirada por Padre Josimo,[31] um dos mártires da luta pela terra no Brasil que contribui na organização de várias famílias no bairro em que João Paulo mora com seus pais. A família, inserida em processo organizativo, decide juntar-se a um grupo e participar da ocupação da Fazenda Santa Clara, no Pontal do Paranapanema. O acampamento passou a se chamar 1º de abril, dia da ocupação. O nome foi escolhido pelo grupo de crianças.

A história desse acampamento é seguida de repressão e resistência. Em uma ocasião, houve dois mortos, sendo uma criança. Na história contada no caderno, a criança morta chamava-se Clara e era irmã de João Paulo. Foram três anos até a conquista definitiva da terra.

---

[31] Josimo Morais Tavares, conhecido como Padre Josimo. Nascido em Marabá, no Pará, de família humilde, por ser pobre, negro e filho de camponeses, foi alvo de muitos preconceitos. Quando se tornou padre, decidiu voltar ao Tocantins para dedicar sua vida à causa dos trabalhadores e trabalhadoras rurais. Atuou na região do Bico do Papagaio, onde coordenou a Pastoral da Juventude desta Diocese, conhecida por intensos conflitos de disputa pela terra e que, anos antes, havia sido o cenário da guerrilha do Araguaia. Depois se tornou um dos coordenadores da Comissão Pastoral da Terra (CPT). Ao longo de sua vida, Josimo denunciou os grileiros de terra, a opressão dos latifundiários contra os lavradores e defendeu os direitos do povo, conscientizando-o sobre sua força. Por suas ideias e ações, causou ódio nos fazendeiros da região, passando a receber diversas ameaças de morte. Em abril de 1986, Josimo sofreu um atentado, mas as balas não o atingiram. Consciente do risco que corria por defender seus ideais, escreveu um testamento, no qual reafirmou seus compromissos com o povo brasileiro. Um mês após o ataque, foi assassinado com dois tiros pelas costas quando subia as escadarias do prédio onde funcionava o escritório da CPT, em Imperatriz. Ver mais em: Da Silva, Moisés Pereira. "A prática político-pastoral do padre Josimo como modelo de mediação nos conflitos agrários no Araguaia-Tocantins (1975-1986)". *In*: Anais do II Congresso Internacional de História da UFG: Jataí, 2011.

Um Jornal dos Sem Terrinha

*Somos Sem Terra. Somos crianças
Estamos plantando a semente da
esperança.*
(Palavra de ordem dos Sem Terrinha)

O *Jornal das crianças Sem Terra* é um encarte do *Jornal Sem Terra*, como dito anteriormente. Começa a circular em outubro de 2007, após o final do 5º Congresso Nacional do MST, integrado à experiência da Escola Itinerante Paulo Freire, que contribuiu para a criação do *Jornal*. Segundo a Cartilha do 5º Congresso do MST, "O *Jornal Sem Terrinha* é colocado pelo Movimento como uma ferramenta das crianças, para que elas dialoguem e construam nos espaços educativos a cultura da leitura do *Jornal*".[32]

O *Jornal Sem Terrinha* é produzido e editado em São Paulo (SP) pelo Coletivo de Comunicação do MST. Este coletivo é composto por militantes do próprio Movimento, com apoio técnico de diagramação e *design* gráfico. Militantes da direção do MST e dos setores de comunicação, educação e cultura, além de representantes da Secretaria Nacional do MST, em São Paulo, participam em momentos pontuais. De todo o grupo, há apenas dois jornalistas; os demais participantes estão envolvidas em atividades organizativas diversas, a partir dos unificadores "criança, comunicação e educação".

Os representantes do Setor de Comunicação de cada estado são encarregados da produção de reportagens, envio de notícias, fatos da conjuntura, entrevista com as crianças em acampamentos, assentamentos e momentos específicos da luta social: encontros, jornadas de lutas, entre outros. Ao lado deste fazer

---

[32] MST. *A escola itinerante Paulo Freire no 5º Congresso do MST.* São Paulo, 2009 (Coleção Fazendo Escola, n. 4).

jornalístico, há o estímulo às crianças no sentido da produção de conteúdos textuais ou visuais para o jornal; bem como a utilização do *Jornal Sem Terrinha* em atividades com as crianças, na Ciranda como em outros espaços educativos do cotidiano.

No expediente do *Jornal Sem Terrinha*, as informações editoriais indicam sua produção a partir dos Setores de Educação, Comunicação e Cultura do MST, creditando os desenhos e ilustrações como fruto da participação das crianças Sem Terrinha de todo o Brasil. Além disso, é feito um agradecimento a todas as pessoas que contribuíram para a confecção do jornal.

Segundo a cartilha citada, o jornal contribui também para fortalecer o trabalho com as crianças nos acampamentos e assentamentos, potencializar as escolas como um espaço de diálogo com a comunidade, valorizar a criatividade, a arte e a produção das crianças, articulando uma linguagem representativa do modo organizativo do MST, em consonância com seu ideário e atendendo às formulações de seu projeto educativo e pedagógico.

A proposta do *Jornal Sem Terrinha* não é ser uma miniatura do *Jornal Sem Terra*. Ao contrário, apresenta uma produção específica, com definição de pauta própria e não objetiva "suavizar" certos assuntos para que eles possam ser tratados pelas crianças. A partir de uma linguagem adequada, as temáticas são definidas, editadas, lidas, ouvidas e discutidas pelas crianças em seus termos, em consonância com o que é discutido e decidido pelo conjunto do Movimento Sem Terra. Para Jucirema Quinteiro,

> Os saberes constituídos *sobre* a infância que estão ao nosso alcance até o momento nos permitem conhecer mais sobre as condições sociais das crianças brasileiras, sobre sua história e sua condição de *criança sem infância* e pouco sobre a infância como construção cultu-

ral, sobre seus próprios saberes, suas possibilidades de criar e recriar a realidade social na qual se encontram inseridas [...].[33]

A autora destaca ainda as palavras de José de Souza Martins, na coletânea *"Massacre dos Inocentes"*; tratando a criança como testemunho da história, as inúmeras crianças que vivem em situação de violência e trabalho escravo e ainda da necessidade de que esses temas sejam tratados também a partir das próprias crianças, constatando a ausência de trabalhos com essa perspectiva.

O estudo do *Jornal Sem Terrinha*, como também de outros projetos editoriais voltados para a infância, constitui uma contribuição à própria história da infância. Deste modo, entendo como os Movimentos Sociais possibilitam a vivência da infância e organizam a reprodução de suas condições de vida e existência.

O *Jornal Sem Terrinha* vem a público também para que as crianças possam ter um espaço de comunicação e troca de informações. Suas vozes infantis começam a chegar mais longe, indo de uma ponta a outra do Brasil em meio a lonas pretas. Mary Cardoso da Silva, integrante do Setor de Comunicação do MST, afirma que:

> Materiais como *O menino que lia o mundo*,[34] um livro sobre a vida de Paulo Freire, escrito por Carlos Rodrigues Brandão para as crianças Sem Terra, e o livro *Estória de Rosa*,[35] organizado por Isabela Camini, que conta a vida no Acampamento e Assentamento desde a ocupação das Terras até sua conquista definitiva, contada pelos personagens Rosa e Natalino, duas crianças Sem Terrinha, produção do setor de educação do MST. O CD de músicas infantis, que traz diversas canções produzidas por pessoas do próprio Movimento. As cartilhas com o resultado dos concursos nacionais de redação e desenho que cada

---

[33] Quinteiro, Jucirema. Sobre a emergência de uma sociologia da infância: contribuições para o debate. Perspectiva, Florianópolis, 2002, *apud* Lazarotto, Aline Fátima. *A infância na imprensa escrita em Chapecó:* 1939-1979. 2010. Dissertação (Mestrado em Educação) – Universidade Federal de Santa Catarina, Florianópolis, 2010.

[34] Brandão, Carlos Rodrigues. *O menino que lia o mundo*. São Paulo: ANCA, 2003.

[35] Camini, Isabela (Coord.). *Estória de Rosa*. Movimento dos Trabalhadores Rurais Sem Terra.

ano leva uma temática diferente e de acordo com a situação atual do MST. Colaboraram para o processo de edição do *Jornal Sem Terrinha*. Após a criação do *Jornal* é produzida também, como continuidade deste processo, a Revista das crianças Sem Terrinha.[36]

A relação entre o *Jornal Sem Terrinha* e o *Jornal Sem Terra* é evidente: trata-se de um permanente diálogo. Neste trabalho, situamos o *Jornal Sem Terrinha* em perspectiva articulada, ou seja, levando-se em conta suas dimensões de formação pedagógica, bem como as práticas de leitura.

No primeiro número do *Jornal Sem Terrinha*, o tema principal é o lema da Jornada de Lutas dos Sem Terrinha,[37] no ano de 2007: *Por Escola, Terra e Dignidade!* Três fotos são o destaque da capa. A principal, um menino sorrindo e aparentemente segurando uma bandeira vermelha. Em segundo plano, vemos as fotos de uma menina com o boné do MST e a bandeira do movimento ao seu lado, e uma marcha, parte da Jornada, onde vários Sem Terrinha carregam a bandeira do Brasil.

As marchas são instrumentos de mobilização de largo uso pelo MST e apropriado também pelas crianças Sem Terra como forma de reivindicação e pressão política. As marchas das crianças ajudam a contrapor a imagem de uma infância inocente como é do senso comum à de uma infância lutadora, em busca de direitos. A publicização desses eventos no *Jornal Sem Terrinha* é uma forma de construir a identidade da infância Sem Terra.

---

[36] Silva, Mary Cardoso da. *O jornal sem terrinha como um projeto político pedagógico de formação da criança do MST*. 2010. Monografia (Graduação em Pedagogia da Terra) – Universidade Federal de Minas Gerais, Belo Horizonte, 2010.
[37] Analisando a primeira edição do jornal das crianças Sem Terrinha, de outubro de 2007, percebe-se uma conexão com a identidade do *Jornal Sem Terra*. O *Jornal Sem Terrinha* tem o nome escrito com o mesmo tipo, cor e formato de letra, apenas uma diferença: entre as letras "R" e "A" finais do título, que entram as letras "INH" em formato diferente, colorido e com uma linguagem mais adequada ao seu público.

No editorial dessa edição, encimado pelo título "A infância na luta pela terra, pela Reforma Agrária e transformação da sociedade", "Oba! Chegou a nossa vez! É o nosso jornal", o texto de abertura explicita as razões de existência de um veículo de comunicação das crianças Sem Terrinha. Como se vê em sua própria escrita:

> Com grande alegria e honra que inauguramos nesta edição do *Jornal Sem Terra*, o jornal das Crianças Sem Terrinha. Com certeza é mais uma conquista de nós Sem Terrinha, das famílias Sem Terra, de todo o nosso MST e de todas as crianças filhas da classe trabalhadora.[38]

Percebe-se nesse trecho um esforço editorial de construir um diálogo e uma identificação com seu público. O redator se apresenta como uma criança, como um Sem Terrinha. Reforçando a construção de uma infância lutadora, o jornal se apresenta como uma conquista das crianças, dos pais e do próprio MST. Após essa primeira edição, o jornal só voltaria a circular passados oito meses, já aí com periodicidade definida.

Uma pedagogia da infância

A intencionalidade política do *Jornal* é expressa desde o primeiro editorial, assinado pela Direção Nacional e pelo Setor de Educação do MST. A publicação é apresentada, ao mesmo tempo, como fruto e instrumento da luta. A ênfase política parece compor uma intenção pedagógica. Uma pedagogia da luta na escrita do *Jornal Sem Terrinha*, apresentado como um instrumento do aprendizado da contestação para os pequenos leitores, como observamos no trecho:

> O nosso *Jornal* nasceu para ser vivo em nossas vidas daqui pra frente. Nasceu como fruto da nossa própria luta de crianças Sem Terrinha. Ele vem nos ajudar a aprender brincando, a conhecer o mundo que

---
[38] *Jornal das crianças Sem Terrinha*. Ano I, n. 1, out. 2007.

existe além da nossa sala de aula ou da nossa casa, e, acima de tudo, nos motiva a continuar na luta, sendo crianças.[39]

A intencionalidade político-pedagógica se sobrepõe às características de um meio de comunicação convencional, mesmo na tradição dos movimentos sociais. Reproduzimos aqui o último parágrafo do texto editorial, como evidência do conteúdo articulador do coletivo, dos sujeitos sociais em movimento, com vistas à reforma agrária e à transformação social:

> Nossos pais, mães, militantes dirigentes que fazem parte do MST conversaram muito, em todos os espaços e reuniões, sobre a importância do cuidado com a infância na luta pela terra, pela Reforma Agrária e pela transformação da sociedade. O movimento quer que continuemos sendo os Sem Terrinha do MST. E seremos! Por isso, vamos aproveitar bem o nosso jornal e manter as próximas edições, enviando notícias de nossos estudos, escolas, brincadeiras, jogos, danças, teatros, esportes e das nossas lutas pelos direitos de todas as crianças do Brasil.[40]

Em todos os números analisados, encontra-se uma reportagem de conteúdo mais denso, com intuito de trazer ao conhecimento das crianças alguns assuntos com maior grau de profundidade. No primeiro número, a reportagem diz respeito ao V Congresso Nacional do MST, realizado em Brasília. Nesta matéria, aparecem os dois personagens que guiam os pequenos leitores ao longo das edições do *Jornal*: Rosa e Natalino. Os dois personagens contam às crianças como se deu o Congresso, intercalando pequenos textos com imagens para situar aquelas crianças que não puderam participar. No Congresso, é criada a Escola Itinerante Paulo Freire, fato destacado na matéria.

O *Cantinho da Diversão* é a seção que vem sempre na última página do jornal. Segundo a descrição do próprio Jornal Sem

---

[39] *Ibid.*
[40] *Ibid.*

Terrinha: "Jogos, curiosidades e muita história para contar e descontrair", demonstram também a intenção educativa do jornal e seu possível uso nas atividades das escolas. Vários assuntos, vinculados à experiência próxima das crianças, são trabalhados nesta página, rica em ilustrações e cores. Ademais, percebe-se um zelo com a recuperação da tradição e das dimensões simbólicas da cultura popular nas edições analisadas, como é o caso das brincadeiras infantis. Nesta edição, uma historinha sobre a brincadeira de peteca busca apresentar conteúdos da história dos brinquedos, como se lê:

Quando os portugueses chegaram ao Brasil, viram os índios brincando com uma trouxinha de folhas cheia de pedras amarradas a uma espiga de milho. Chamavam o objeto de peteka, que em tupi significa bater. A brincadeira foi passando de geração em geração e tornou-se um esporte.[41]

Buscando seus temas junto à cultura popular, como já afirmado, se recorre ao Saci Pererê, aqui representado em redemoinho e feições juvenis, para criar uma identificação com as crianças leitoras do periódico. Acompanham o Saci seus companheiros da imaginação: Curupira, Boto-cor-de-rosa, Iara, afirmando os conteúdos em conexão ao propósito de respeito e cuidado com a natureza:

> As histórias do Saci precisam ser resgatadas, pois nos dias de hoje as nossas matas, nossa terra e nossos animais são muito maltratados pelas pessoas e o Saci sempre se mostra como aquele que cuida da natureza. Nós, crianças, temos que ser aqueles que fazem a vontade do Saci se tornar realidade! Vamos ser os guardiões da natureza, que depende de nós, e nós dependemos da natureza.[42]

Seguindo o desenho editorial desde a edição inaugural, encontra-se uma reportagem, tematizando o "Especial lutador:

---

[41] *Jornal das Crianças Sem Terrinha*. Ano I, n. 1, out. 2007.
[42] *Jornal das Crianças Sem Terrinha*, out. 2008.

Vamos procurar Saci?". O texto, assinado por Márcia Camargos, abre espaço à presença do estudo e da pesquisa afinadas com o sentimento do jornal. Como destaque, o Saci é apresentado às crianças como um lutador social. Na primeira edição do *Jornal*, a mesma seção "Especial Lutador" apresentou a figura de Ernesto Che Guevara, revolucionário latino-americano. O Saci assim é descrito:

> Trança a crina e o rabo dos cavalos e castiga os caçadores que matam a fêmea com filhotes pequenos. Detesta quem persegue os bichos por pura maldade. Escancara as porteiras do curral para soltar os animais e derruba as cercas dos latifúndios. Para ele, a terra não tem um dono só, pertence a todos que nela trabalham e plantam. Mas afinal de contas, quem é este personagem que desperta tanta curiosidade? De onde veio e qual sua importância para nós? Umas das figuras mais conhecidas do folclore nacional, o Saci é uma espécie de síntese do povo brasileiro, formado por índios, negros e brancos. Surgiu há dois séculos entre os tupis-guaranis na zona que faz fronteira com o Paraguai. Recebeu o nome de *çaacy perereg*, que significa olho-mau saltitante no idioma tupi.[43]

A personagem do Saci é ressignificada, dando às crianças Sem Terra a possibilidade de articular aos significados recolhidos do folclore algum conhecimento das raízes indígenas e mesmo de uma síntese cultural brasileira. O mesmo é apresentado como um lutador *que escancara e derruba as cercas do latifúndio*. São atribuídos a ele sentimentos e opiniões como o de que *a terra pertence a todos que nela trabalham e plantam*. Isso ocorre para facilitar a identificação dos pequeninos com um personagem já marcado pela mídia televisiva, apresentado diversas vezes sob um ponto de vista negativo.

Em relação ao conhecimento formal, o texto apresenta o significado simbólico do capuz vermelho do Saci. Outra vez, o recurso à imaginação histórica busca conteúdos de distintos con-

---
[43] Jornal Sem Terrinha, julho de 2009.

textos, como que desejando ampliar a gama de conhecimento dos leitores Sem Terrinha:

> E o capuz vermelho, qual a sua origem?
> Dizem que viajou nas malas dos imigrantes que vieram trabalhar nas plantações de café e depois nas indústrias das cidades. Lembram do gorrinho dos gnomos que vivem lá na Europa? Pois é igual ao do nosso Saci. Ele se chama piléu e foi usado pelos republicanos, na Revolução Francesa de 1789, quando a população pobre daquele país saiu às ruas para protestar contra a Monarquia absolutista e derrubar o rei.[44]

Em "O Saci não está sozinho", o Curupira, o Boto-cor-de-rosa, a Iara e o Boitatá são mostrados em uma perspectiva semelhante à do Saci: lutadores e guardiões da natureza e das tradições. A linguagem usada aproxima as crianças dos temas da cultura popular e do universo camponês. Frisamos, mais uma vez, que essas personagens muitas vezes têm sua imagem associada aos desenhos animados ou programas infantis que os apresentam apenas sob a ótica do entretenimento e, certas vezes, de modo pejorativo – superstição, atraso cultural ou concernente a um mundo desaparecido.

Na seção "Brincadeiras", são estimuladas as brincadeiras grupais. Como de resto, o estímulo à convivência grupal é explicitado no conjunto da publicação. Desde as brincadeiras às referências às leituras coletivas. Leituras em escolas, cirandas. Visto que a tiragem do jornal é reduzida, a possibilidade de cada criança poder manusear um exemplar de jornal é muito pequena. Além do que, a aposta pedagógica que se quer construir quer fazer prosperar o sentido coletivo na vida de todo dia; na brincadeira de roda, na ciranda, como na marcha e na luta.

Uma das características marcantes observadas no jornal diz respeito às peculiaridades de gênero, desde a escrita. Forma e con-

---
[44] *Id. Ibid.*

teúdo se articulam para dizer da visão de mundo que deseja combater também as opressões de gênero. Construções como "Meninos e Meninas", "Amiguinhos e Amiguinhas" são comuns. Há também, no final do texto, uma convocação à participação das crianças na construção do jornal: "E não esqueça de enviar seus desenhos, suas cartinhas, suas histórias!". Como exemplo, na edição de março de 2010, um diálogo entre um garoto e seus pais aborda as diferenças entre meninos e meninas, mas ressaltando a luta por igualdade de direitos na diferença; deste modo, os temas veiculados acentuam o respeito como princípio, atentando para uma educação que combata os preconceitos e os estereótipos quanto à raça, a sexo, à etnia ou à idade.

Na edição de setembro de 2008, observamos como propósito educativo a preparação das crianças Sem Terra para a jornada de luta de outubro. O desenho de uma criança propõe uma bandeira e uma consigna: "Lutamos Por um Mundo Melhor!", seguida do texto editorial: *Lutar por Escola, Terra e Dignidade!* Ao longo da escrita, o texto se contrapõe à publicidade do capital em torno do dia das Crianças e constrói como argumento central a luta por direitos: "Lembrar da criança poderia ser também ter terra para todas as famílias poderem plantar, colher e alimentar as crianças e todas as pessoas de nosso Brasil". A frase reforça a ideia de que a luta pela terra é uma luta de todos. Homens, mulheres e crianças. A família é a responsável por conduzir a luta sem a prevalência da figura masculina como chefe.

No conjunto do *Jornal Sem Terrinha*, é construída a representação de uma criança-sujeito. Essa é a ideia-motriz do jornal, porém a projeção da criança como futuro também é encontrada em alguns momentos como nesse trecho do editorial:

> Também seria muito bom que quando os adultos poluem ou destroem as matas ou matam os animais silvestres lembrassem que so-

mos crianças e que gostaríamos de encontrar um mundo melhor quando crescermos.[45]

Em janeiro de 2010, o *Jornal Sem Terrinha* produziu uma edição especial sobre os 25 anos do MST. A iconografia representa a figura do globo terrestre rodeado de bandeiras vermelhas e gente de mãos dadas, formando uma grande ciranda. Em destaque, as bandeiras do MST e da Via Campesina. Do globo, caem gotas de água que regam e fazem florescer um pequeno jardim, representado, na imagem, à maneira de semeadura, quiçá das flores e frutos da utopia e do horizonte de esperança.

Para o MST, por comemorações entendem-se além de encontros e de festas, formas de luta. Marchas, ocupações de fazendas, órgãos públicos, ações em supermercados, fábricas. Todos esses argumentos tiveram como mote, além da reivindicação da Reforma Agrária, os 25 anos de existência do MST.

A mensagem de luta pela terra e pelos direitos é de escala internacional, uma referência também aos ideais socialistas no legado da construção histórica do MST. A luta internacionalista e protagonizada pela gente de baixo, Sem Terra, sujeitos de direitos, juntas, de mãos dadas, homens, mulheres e crianças. A capa e o editorial remetem à exclamação "Viva o MST!", em destaque no centro da página, como antecipando o hino de celebração ao coletivo que se quer em marcha, como na história.

O tom de celebração é de júbilo pelo aniversário da própria história. É de grande importância destacar este calendário que se vai afirmando, em antagonismo à prática secular de uma história da dominação. Um dos trechos afirma o sentido de comunidade, como aspiração e devir, mas também como prática e aprendizado cotidiano:

---

[45] Direção nacional do MST. "Lutar por escola, terra e dignidade" (Editorial). *Jornal das crianças Sem Terrinha*, ano I, n. 6, p. 1, 6 out. 2008.

Neste ano, estamos muito animados para comemorar o nosso aniversário. São 25 anos de MST! Vivaaa!! Nesses 25 anos, os Sem Terrinha participaram da vida ativa na construção da sua comunidade, juntamente com seus pais, amiguinhos e professores e tantas pessoas que convivem nos acampamentos e assentamentos organizados em todo nosso país.[46]

"Nossos compromissos com a terra e com a vida", documento aprovado no IV Congresso do MST, em 2000, é retomado no texto editorial, afirmando o compromisso com a educação dos Sem Terra e, em especial, dos Sem Terrinha e a comunidade como a escola do conhecimento, possibilidade de construção de novos e compartilhados saberes:

> A escola que o MST construiu e luta para construir é a escola do conhecimento. Hoje, o MST tem um compromisso de garantir que todas e todos os Sem Terra estudem, e para estudar é preciso que, além da escola, a gente conheça todo o espaço produzido na comunidade. Isso faz parte desse saber.[47]

O argumento do jornal pretende convocar as crianças à organização e luta junto a suas famílias: "Muitas coisas ainda faltam e a gente segue se organizando para melhorar nosso Lugar e o nosso Brasil. Por isso, a participação dos Sem Terrinha é fundamental!" Tal argumento é evidente em várias matérias que propõem o debate em torno da Reforma Agrária, vinculando a compreensão da própria existência do MST.

Em nossa análise, compreendemos a peculiaridade deste jornalismo voltado à infância pobre, uma infância Sem Terra, quando o tipo de abordagem jornalística passa a ter outra conotação. Aqui o que comumente nomeamos de reportagem é substituída por uma história infantil que explica às crianças o sentido da Reforma Agrária.

---

[46] Direção nacional do MST. Viva o MST. Editorial. *Jornal das crianças Sem Terrinhas*, ano II, n. 8, p. 1, 09 out. 2009.
[47] *Jornal Sem Terrinha*, julho de 2009.

" – Eu moro no assentamento. – disse Lázaro com voz firme ao colega da 5ª série que simpatizou com a sua mochila vermelha com a foto de Che Guevara". É o começo da conversa entre Lázaro e Danilo sobre a vida em um assentamento. Na conversa, as perguntas de Danilo trazem os temas do preconceito e da violência, quando Lázaro passa a explicar ao colega o sentido de uma ocupação e a participação das famílias organizadas. A relação entre Assentamento e Reforma Agrária, tratada a partir de uma conversa entre duas crianças, narra de modo simples o sentido da Reforma Agrária e suas conquistas.

> Realizaram reuniões e se prepararam com lonas, alimentos, ferramentas e sementes. A que uma noite, quando ninguém esperava, a multidão chegou diante da porteira da fazenda 'Paraíso'. Arrebentaram a corrente, entraram e logo adiante começaram a armar as barracas com lonas e palhas.[48]

Quanto às dimensões da vivência lúdica, o *Jornal Sem Terrinha* em suas seções "Cantinho da Diversão" e "Brincadeira de Crianças" propõe que as brincadeiras coletivas nos acampamentos e assentamentos possam também ser incentivadas a partir dos brinquedos artesanais. Assim são sugeridos um *pára-quedas de plástico*, feito de sacola plástica e folha de jornal ou um *barangandão arco-íris;* nesse caso, antes de ensinar os procedimentos da produção, é apresentada uma pequena história do brinquedo, onde surgiu e como é usado.

Em relação à dimensão do lúdico e das brincadeiras como parte fundamental da vida na infância, o *Jornal* propõe interessantes reflexões, como é o caso das edições de julho/agosto de 2010. Situando o tema na conjuntura recente da Copa Mundial de Futebol, na África do Sul, o *Jornal* estampa na capa a chamada: "Sem Terrinha Futebol Clube". Apresentando o es-

---
[48] *Id. Ibid.*

porte em sua dimensão popular no Brasil, o *Jornal* convida as crianças ao questionamento do futebol como um grande negócio que movimenta muito dinheiro. Neste ponto, o *Jornal* faz interessante recurso à imaginação das crianças, lembrando os campos de várzea que existem espalhados nos acampamentos e assentamentos para dizer que: "A Copa do Mundo de Futebol deveria ser como empinar pipa, jogar bolinhas de gude e brincar com os amigos, a gente se junta, primeiro, porque é mais legal fazer as coletivamente do que sozinho".

Na edição acima referida, o *Jornal* afirma: "quem tem a cabeça no lugar sabe que uma boa partida é aquela que termina em festa". O argumento é o mote para uma reflexão acerca da realização da Copa Mundial em 2014 no Brasil, quando se questiona o gasto público na construção dos grandes estádios, nas obras de infraestrutura e de "embelezamento" das cidades. A questão central, levada às crianças, é a inversão de prioridade nos investimentos públicos, em detrimento da garantia de direitos fundamentais: saúde, transporte e educação em primeiro plano. Quando da escrita deste trabalho, já podemos verificar o quanto tais questões prefigurariam a realidade atual.

Recuperando da tradição popular o tema da festa junina, outra vez o *Jornal Sem Terrinha* se dirige aos seus pequenos leitores de modo pedagógico, incentivando a leitura e a escrita ao propor a festa de São João como Festa da Colheita, em clara alusão à recuperação da matriz cultural camponesa:

> Nesta edição vamos conversar um pouco sobre a festa junina, ou melhor, a festa da colheita. Espero que você aproveite bastante nosso jornal. E que tal organizar uma festa da colheita em seu assentamento ou acampamento? Se você fizer alguma atividade diferente, mande pra nosso jornal como foi que aconteceu.[49]

---

[49] Direção nacional do MST. "Olha pro céu meu amor, vê como ele está lindo". *Jornal das crianças Sem Terrinha*, Editorial, ano II, n. 13, p. 1, jun. 2009.

A *Festa da Colheita* versa sobre a origem e o significado das Festas juninas, com destaque para uma dimensão da vida camponesa em que se combinam a fartura e a alegria, um mote para abordar a história da agricultura:

> Mas quem sabe de onde veio tanta fartura e alegria? Se perguntarmos aos mais velhos eles vão contar que tudo começou na roça há muitos e muitos anos. A agricultura sempre foi muito importante para todos os povos, pois por meio dela é que obtemos os alimentos. O solo era preparado carinhosamente e nele jogadas as sementes que germinavam, geravam flor, fruto; e logo se fazia, como até hoje, a colheita que se transformava numa grande festa.[50]

O texto afirma que muitos povos realizam festas e rituais para celebrar o início da colheita. Daí provém o costume desses festejos também no Brasil, especialmente no Nordeste, quando as festas juninas celebram a colheita do milho. O costume de dançar quadrilhas também é historicizado no texto:

> E para dançar? A famosa quadrilha!! Uma tradição que veio da França – que tem passos inspirados nas danças da nobreza – e que aqui virou um dos momentos mais divertidos da festa. E todo mundo pode dançar!![51]

Além da quadrilha, são ressaltadas outras danças comuns em determinadas regiões do país, no sentido de propiciar uma reflexão sobre a história e a cultura, além de possibilitar às crianças o respeito aos costumes e à tradição camponesa. Aprofundando o sentido da festa, como na tradição socialista, o *Jornal* afirma que: "Para nós, Sem Terra, as festas significam ainda o valor da luta coletiva e da conquista da terra que permite a colheita de todos esses frutos e uma vida digna e livre!".

Para compreender o propósito educativo e, em específico, o trabalho com o jornal nas escolas, cirandas e espaços coletivos, analisamos no *Jornal* a seção dirigida aos educadores. Aqui

---

[50] *Jornal Sem Terrinha*, junho de 2009.
[51] Id. Ibid.

registramos uma curiosa advertência no alto da página: "Atenção! Evite brigas! Faça cópias para seus educandos e educandas". Numa clara alusão aos precários recursos na escola, o que o *Jornal* enfatiza é a perspectiva do trabalho em sala de aula, a partir de seus conteúdos e das leituras propostas.

Aqui o jornal propõe, aos educadores, um diálogo a partir de indicações de leitura que possam subsidiar seu trabalho junto às crianças. De destaque, neste caso, são as sugestões recolhidas do circuito editorial voltado ao público infanto-juvenil. Além dos livros, também são sugeridos filmes que possam suscitar novas questões ao aprendizado das crianças. Observa-se, também, que o jornal amplia suas sugestões quanto ao repertório de linguagens, de modo a ampliar as possibilidades de aprendizagem.

No sentido de propor a reflexão acerca da cultura socialista em perspectiva latino-americana, o *Jornal* recorre a uma questão de fundo: "Vamos falar sobre a realidade". Nessa edição, o *Jornal* apresenta algumas indagações acerca da experiência pessoal das crianças para, em seguida, propor que a compreensão de certas realidades *distantes aos nossos olhos podem ser compreendidas como próximas de nossas aspirações*. O argumento editorial pretende tratar da realidade de Cuba, destacando daquela realidade a conquista de direitos fundamentais.

Em contraposição a essa realidade apresentada, o jornal também trata da situação social do Brasil. No sentido de favorecer, na reflexão, os termos da comparação histórica, o *Jornal* alude às diferenças culturais, implicando os diferentes modos de vida, e enfatiza que as realidades também são diferentes em decorrência dos modelos de sociedade. Para tal, propõe às crianças leitoras uma percepção das situações desiguais vividas no Brasil, em que aos pobres se nega o direito à escola, à saúde, à alimentação, à moradia... Neste ponto, a argumentação do jornal propõe um grau de reflexão às crianças, para que examinem sua própria vida como Sem Terrinha, sugerindo que elas mesmas viveram tais situações nos acampamentos e nas situações de conflito social.

A abordagem sobre a realidade em Cuba pretende também aproximar as crianças da Jornada de Solidariedade, comumente realizada pelo MST durante o mês de outubro, em alusão à memória de Che Guevara, aqui reconhecido como um símbolo dos valores socialistas. Como argumento editorial e cumprindo sua primordial função educativa, o *Jornal* parte da contextualização da história da Revolução Cubana, tecendo elos com a memória. O desenho de um mapa de Cuba ajuda as crianças em seu sentido de localização espacial. Dessa maneira, as crianças vão conhecendo uma geografia da luta social e as culturas de outros lugares.

Nas viagens e trânsitos entre culturas, os Sem Terrinha podem levar para casa, em sua bagagem, conhecimentos sobre outros países, brincadeiras de diferentes regiões, o que comem, o que plantam, como cantam, como dançam, e como se relacionam com a terra, que se tem apresentado como eixo central do jornal das crianças Sem Terrinha. A cultura, em vários momentos, é articulada à terra – de luta, de moradia, de pertença, de comunidade, de cultura... São as danças que celebram a chuva que banha o solo e o torna mais fértil, são as sementes produzidas que geram o alimento. É o alimento presente nas festas de agradecimento pela boa colheita, ou mesmo, antes dela, como um pedido à natureza.

Cumprindo sua função como instrumento de mobilização, o *Jornal* e as demais publicações periódicas do MST se vinculam à definição da própria agenda de lutas decididas em coletivos. Para o caso do *Jornal* aqui analisado, as edições dos meses de outubro tratam da Jornada de Lutas dos Sem Terrinha, e são evidentes nessas edições o estímulo à participação e à organização de momentos coletivos entre as crianças desde seus acampamentos e assentamentos.

> Nós, Sem Terrinha, devemos sempre contribuir para mudar a realidade em que vivemos. Podemos participar das lutas com os nossos pais e companheiros, e em nossa escola, fazer algumas ações ajudando nosso acampamento ou assentamento a se mobilizar.[52]

O companheirismo, a solidariedade, a necessidade de cooperação e ajuda mútua e, principalmente, o sentimento de pertença ao MST são valores presentes, com maior ênfase nesse mês. Valores estes expressos na seção *Palavra de Sem Terrinha*, que veiculam depoimentos e pequenos textos para o *Jornal*.

Os desafios da linguagem utilizada no *Jornal*, como tentamos demonstrar neste estudo, apresentam-se a cada edição. O *Jornal Sem Terrinha*, assim como o *Jornal Sem Terra*, é publicado bimestralmente; porém, em algumas datas, o Setor de Comunicação lança edições especiais, como nas Jornadas de Lutas do MST. Assim, em abril de 2010, foi lançada uma edição extra do *Jornal Sem Terra* e *Sem Terrinha*. O tema da edição é a Jornada Nacional de Lutas pela Reforma Agrária e pela Soberania Popular.

As edições de março e abril deste ano muito se assemelham. Ambas trazem, como tema central, as Jornadas de Lutas das mulheres (março) e pela Reforma Agrária (abril), aqui destacando a luta por soberania alimentar. Como se observa, o *Jornal* das crianças repercute, com linguagem e formato próprios, os debates firmados em cada conjuntura. Em 2010, a pauta da soberania alimentar é de grande destaque nas Jornadas de Lutas do MST, evidenciando a articulação internacional com a Cloc e a Via Campesina. É deste período a afirmação de um conjunto

---

[52] *Jornal Sem Terrinha*, abril de 2010.

de documentos abordando o tema da soberania alimentar, em contraposição ao avanço das empresas transnacionais do agronegócio e seu receituário da segurança alimentar. Ainda para as edições que circulam no mês de abril, é de destaque o trabalho da memória em relação ao Dia Internacional da Luta Camponesa, data fixada no calendário da luta social no continente como forma de atualizar a memória de Eldorado dos Carajás, cuja chacina de trabalhadores rurais no Pará, em 17 de abril de 1996, segue impune.

As edições aqui analisadas tratam também de temas cuja abordagem se contrapõe à perspectiva da história oficial, como é o caso dos "grandes descobrimentos", como se observa na edição de abril de 2010, contestando a versão oficial sobre a chegada dos portugueses ao Brasil e refutando a noção de "descobrimento" para afirmar o projeto da colonização europeia, além de abordar o extermínio dos povos indígenas em consequência da dominação colonial.

Uma narrativa histórica na Revista Sem Terrinha

> Todo dia é dia de criança brincar, mas também de manter o compromisso em aprender! Na escola, na ciranda, com os coleguinhas, com as educadoras e educadores e é claro, nos afazeres de casa.[53]

Com esta conclamação, a *Revista Sem Terrinha* abre seu editorial de apresentação, indicando seu entendimento acerca do respeito à infância, quando a brincadeira é um direito de todo dia. No entanto, convoca as crianças Sem Terra ao compromisso com o estudo, a leitura e a aprendizagem, nomeando os lugares do convívio do saber e chamando a atenção para os compromissos com a vida em família.

---

[53] *Revista Sem Terrinha*, Edição especial 25 anos, 2009.

A *Revista* aqui analisada trata de um variado conjunto de argumentos que dizem respeito aos direitos da criança e do adolescente. Buscando uma linguagem adequada à compreensão do leitor do periódico, nas leituras em grupo ou mesmo nos trabalhos escolares, se apoia no princípio da identificação com o leitor, como é possível se observar nas ilustrações, trazendo quase sempre desenhos das próprias crianças. A edição n. 2 trata da matéria dos direitos fundamentais, a partir de um dos principais documentos neste campo: a "Convenção Internacional sobre os Direitos da Criança".

Observa-se, na publicação, o ideário pedagógico se mesclando aos componentes lúdicos, ao mesmo tempo em que se veiculam mensagens de direitos, de educação, de luta social. Tentando firmar um maior grau de aproximação com a sensibilidade das crianças, a *Revista* propõe, ao modo de um encarte, um jogo de memória, temático, que as crianças/leitoras podem destacar e brincar coletivamente.

Na edição referida, a partir da chamada "Por que somos Sem Terra", a *Revista* apresenta, em longa matéria de 14 páginas, um largo panorama, em perspectiva histórica de longa duração, das relações sociais que se estabelecem no campo no Brasil. Recuando ao século XVI, o longo texto entremeado de ilustrações e desenhos em cores busca uma reflexão sobre uma história de expropriação, saques e perdas. A história começa a ser contada a partir de um tempo em que a terra era comum:

> Há mais de quinhentos anos, no Brasil, viviam apenas os indígenas. Povos que tinham seu jeito de viver e de se organizar. A terra era de todos e todas, e tudo que era produzido, pescado e caçado, era dividido entre os que viviam nas aldeias, suas comunidades.[54]

---

[54] MST. "Por que somos Sem Terra". *Revista das Crianças Sem Terrinha*, n. 2, 2009. p. 10.

Tendo como eixo da narrativa a luta e a resistência, os conteúdos históricos ganham destaque, convocando as crianças à reflexão acerca dos povos originários, em sua luta de resistência à dominação europeia, tratando, inclusive de destacar a atualidade da luta dos povos indígenas por seus direitos. Idêntica abordagem é realizada com relação à escravidão negra, a exploração nas fazendas e aos castigos físicos a que são submetidos os escravos. Aqui a construção coletiva do Quilombo é apresentada para afirmar um dispositivo de negação do sistema escravista, a construção de uma sociedade sem exploração:

> Este foi um dos jeitos que os escravos acharam para tentar mudar as coisas. Eles fugiam e se juntavam no meio da floresta, e ali construíam uma sociedade diferente, onde ninguém explorava o trabalho do outro.[55]

Saltando ao século XIX, a Lei de Terras, de 1850, é abordada com o objetivo de encaminhar a reflexão acerca da pergunta-chave: Porque somos Sem Terra? O texto afirma que: "Sem Terra são todos os trabalhadores e trabalhadoras que querem trabalhar e viver na terra, mas não podem porque não têm dinheiro para comprar". A intenção é também estabelecer nexos com a história e memória da luta camponesa no Brasil: "Muitas vezes, na história do Brasil, os sem terra se organizaram. Lembram de Canudos e Contestado? Pois é, foram dois movimentos, um no Nordeste e outro no Sul, em que os sem-terra tentaram mudar as coisas".

No sentido de estabelecer uma compreensão acerca do percurso histórico da luta pela terra, como construída no Brasil, é ressaltado o papel das Ligas Camponesas, no Nordeste, e do Movimento dos Agricultores Sem Terra (Master), como que traçando, no tempo, uma linha de argumentação desde o legado histórico até o MST e à luta continuada pela Reforma Agrária.

---

[55] *Revista das crianças Sem Terrinha*, edição n. 1, 2009.

Para compreender a atualidade da luta por Reforma Agrária, uma das questões sociais mais candentes no Brasil e matriz de tantas desigualdades, a *Revista* aborda o aprofundamento da segregação dos pobres do campo nas cidades:

> Se as pessoas que querem morar no campo não podem, porque não tem terra, elas acabam tendo que morar na cidade. E na cidade não tem trabalho pra todo mundo, nem casa pra todo mundo. Assim, as pessoas ficam desempregadas, são obrigadas a morar em favelas, nas ruas, não tem o que comer... às vezes, acabam sendo obrigadas a roubar pra não morrer de fome.[56]

Observamos na *Revista* uma permanente preocupação em situar a Reforma Agrária como pressuposto da luta social em torno das conquistas estruturais para os trabalhadores, tanto do campo quanto da cidade. No esforço pedagógico de educar para a luta, observa-se também o chamamento à conjuntura do tempo presente, como por exemplo, na responsabilização dos grupos econômicos e empresas do agronegócio contrários à Reforma Agrária. De modo geral, os leitores da *Revista*, as crianças Sem Terrinha, são chamados à participação na luta pela Reforma Agrária. Neste sentido, a *Revista* apresenta também conteúdos narrativos em forma de diálogo entre crianças, abordando questões do debate em curso no MST e na Via Campesina, como é o caso dos enfrentamentos em torno dos transgênicos e da matriz capitalista da segurança alimentar. É o que se vê, por exemplo, na historinha "O pesadelo do X-Burguer", cuja intenção mais evidente é trazer ao cotidiano das crianças, também nas escolas, um entendimento acerca da agricultura camponesa como possibilidade da produção dos alimentos saudáveis e da construção da perspectiva da luta por soberania alimentar.

---

[56] MST. "Por que somos Sem Terra". *Revista das Crianças Sem Terrinha*, n. 2, p. 12, 2009.

Os Sem Terrinha em movimento

> *Bandeira vermelha, bandeira vermelhinha*
> *O futuro do Brasil está nas mãos dos Sem Terrinha*
> (Palavra de ordem dos Sem Terrinha)

"Assim quando ela ficar grande vai ter uma ideia do que é dar continuidade à luta pela Reforma Agrária."[57] Ainda que o depoimento de Itacir compreenda que a luta parece se dar quando *ficar grande,* a argumentação central das fontes analisadas neste estudo tentam compreender a participação das crianças no processo organizativo do MST.

Neste sentido, as publicações operam com o propósito de alterar as percepções vigentes desde a esfera de reprodução do capital. Em certa medida, pode-se afirmar também um propósito de construir novas significações ao calendário convencional, informado pela noção de consumo. O mês de outubro torna-se um momento exemplar de disputa de significados; por um lado, se quer afirmar o propósito de difusão dos conteúdos de solidariedade e partilha, valores fundantes do ser militante, já abordados aqui em relação ao legado de Che Guevara. Trazendo especificamente ao universo das crianças, as publicações visam desconstruir o "Dia da Criança" como data incorporada pela mídia a partir dos interesses da publicidade veiculada pelas grandes redes da produção e do comércio de produtos dirigidos às crianças como consumidoras em potencial.

Operando no sentido do convencimento publicitário e transformando em ato de dar presentes às crianças, a data é destituída de qualquer valor simbólico em relação à infância despossuída

---

[57] Itacir Pereira, 13 anos, participante do I Congresso Infantil do MST de Santa Catarina em outubro de 1995, em entrevista ao *Jornal Sem Terra*, de novembro de 1995, falando sobre a importância das mobilizações das crianças.

de direitos elementares; em suma, trata-se de mais uma data favorável aos interesses do capital.

A semana do dia das crianças para os Sem Terrinha é de muito lazer e compromisso. Diferente dos valores difundidos pelos meios de comunicação, de que 12 de outubro é um dia para se consumir, os Sem Terrinha realizam uma verdadeira jornada em favor da terra e da vida, protestando contra tudo que significa morte, como os alimentos transgênicos, o acordo do Brasil com o FMI e o ataque dos EUA ao povo afegão.[58]

Como estratégia de ressignificação simbólica, a celebração da Semana da Criança parte de outras ideias-força. Tal é o processo observado em relação às crianças Sem Terrinha, como sujeito de direitos. A partir de meados da década de 1990, as fontes aqui analisadas dão a conhecer a intensificação do debate interno aos Setores de Educação e Cultura do MST, objetivando a construção de momentos em que as crianças se representem a partir de seu lugar social. Tal se observa em relação à agenda de formação e luta do MST, quando os Encontros dos Sem Terrinha constituem um momento particular da voz das crianças.

Entendendo os *Encontros dos Sem Terrinha* como uma *Jornada em favor da Terra e da Vida*, a pauta dos Encontros se define em torno dos conteúdos de protesto emanados da agenda de lutas do MST. Aqui é preciso compreender os momentos de preparação e mobilização para os Encontros, destacando o papel dos educadores e dos coletivos destacados para tal. Isto porque, quando de sua realização, os Encontros possibilitam também o reconhecimento por parte das crianças de um sentimento de pertença ao MST. No dizer de Ezequiel Piosevan, de 11 anos: "O MST é uma grande conquista da gente. Quem vai lutar pela terra tá fazendo uma grande coisa, não tá deixando para os ricos

---

[58] *Jornal Sem Terra*, dezembro de 2001.

criar gado. Nós queremos plantar em cima dessa terra".[59] Como se pode perceber, sua sensibilidade parece ser ativada em torno do reconhecimento de participação no coletivo e da compreensão da luta pela terra como *uma grande coisa*.

No primeiro dia de Encontro, as crianças e a equipe de educadores desenvolvem as atividades nos núcleos de base, quando são escolhidos os coordenadores: duas crianças – um menino e uma menina – e um educador; que, junto aos coordenadores dos outros núcleos, compõem a coordenação geral do encontro.[60]

As noites dos Encontros são dedicadas às jornadas culturais, feitas pelas crianças dos assentamentos e acampamentos, e preparadas juntamente com os educadores e educadoras. No decorrer dos Encontros, a programação é dedicada às Oficinas de pintura, teatro, bonecos, dobraduras, dança, capoeira, confecção de brinquedos, música, jogos, confecção de cartões com sementes, entre outras. As oficinas constituem um momento pedagógico de relevo em que se trabalham os conteúdos centrais da pauta e a preparação, inclusive para o aprendizado da reivindicação dirigida aos órgãos públicos: Secretarias de Educação, Superintendências do Incra, Secretárias de Desenvolvimento Agrário e outros mais. Aqui se sublinha o esforço pedagógico no sentido de que as crianças percebam suas pautas específicas como Sem Terrinha em busca de direitos coletivos. Esta afirmação é o que mais se destaca na culminância dos Encontros, quando se realizam as Marchas dos Sem Terrinha pelas ruas da cidade.

Uma das práticas mais comuns que vai se incorporando aos Encontros das crianças são as audiências com o poder público,

---

[59] Ezequiel Piosevan, 11 anos, em entrevista ao *Jornal Sem Terra*, nov. 1995.
[60] Descrição feita a partir da observação de dois encontros estaduais de Sem Terrinha no Ceará. Um em 2009 e um 2012.

quando as crianças apresentam suas principais pautas. Em 1999, no Mato Grosso do Sul, as crianças realizaram uma audiência com o então governador do estado, Dante de Oliveira.[61]

No estado de São Paulo, realizou-se o *1º Encontro Estadual Infanto-juvenil*, nos dias 12, 13 e 14 de outubro de 1996, com a participação de 700 crianças. Na fase preparatória desse Encontro, as crianças Sem Terra começaram a se identificar como *Sem Terrinha*, ou seja, assumiram uma identidade própria das crianças Sem Terra. Segundo Márcia Mara Ramos, dirigente do Setor de Educação do MST/São Paulo, a designação *Sem Terrinha* surge por iniciativa das crianças; e o nome foi incorporado. De acordo com Edna Rodrigues Rosseto:

> O lema do primeiro Encontro dos Sem Terrinha no estado de São Paulo foi: *reforma agrária, uma luta de todos, dos Sem Terrinha também*, e teve a intenção de trabalhar o pertencimento das crianças ao MST. Nesta época, a maioria delas tinha vergonha de se identificar como sendo do Movimento, pois eram discriminadas nas escolas. Este encontro possibilitou que elas, ao se reunirem na Praça da República para a negociação de sua pauta de reivindicação com a Secretaria de Educação do Estado de São Paulo, pudessem partilhar sua alimentação com os meninos e meninas, moradores de rua. Elas ficaram indignadas com a situação vivida por estas crianças. Estes foram momentos fortes, vivenciados pelas 700 crianças assentadas e acampadas, oriundas de diferentes regiões do estado.[62]

Aqui as crianças ganham as ruas em mobilizações em vários estados. A pauta da educação foi a mais comum, entendida como um direito negado às crianças, e também porque se articula à agenda nacional do MST objetivando a ampliação das escolas nos acampamentos e assentamentos. Em outubro de 1997, em Santa Catarina, se reúnem 340 crianças e adolescentes com

---

[61] *Jornal Sem Terra*, novembro de 1999.
[62] Rosseto, Edna Rodrigues Araújo. *Essa ciranda não é minha só, ela é de todos nós*: a educação das crianças Sem Terrinhas no MST. Campinas: Unicamp, 2009.

o lema "MST com educação, terra e dignidade", para a realização do *II Encontro Infanto-Juvenil do Movimento Sem Terra*.

De acordo com o *Jornal Sem Terra*,[63] o objetivo do Encontro era "analisar e conhecer a situação da educação no Brasil e mostrar para a sociedade a preocupação e a proposta de educação do MST".

Todos os Encontros das crianças Sem Terra, a partir desse período, têm como característica uma dimensão pública da mobilização em torno das pautas construídas em cada conjuntura. No caso do *Encontro* de Santa Catarina, as crianças realizaram uma manifestação em frente à Secretaria de Educação, onde distribuíram o *Manifesto das Crianças Catarinenses*.[64] Tais fatos podem ser entendidos, em perspectiva da história social da infância no Brasil, como constitutivos de significativa alteração na percepção do próprio Movimento quanto à ação e o lugar de protagonismo das crianças. Aqui já se vê uma alteração de sentidos em relação ao tempo da luta social em que a pedagogia da infância não as prepara para uma abstrata noção de futuro, e sim em relação à construção social do tempo presente da luta.

Afirmando que o tempo das crianças é também o tempo presente, os Sem Terrinha de São Paulo realizaram, em 1998, seu encontro com o tema "O Brasil que queremos tem que ser agora". Janaína Ramos, então com 12 anos, era uma das Sem Terrinha participantes do Encontro. Em entrevista ao *Jornal Sem Terra*, a menina dizia: "é importante a realização de encontros, porque as crianças criam consciência sobre a importância da luta por um novo país".[65]

Quanto mais se aproxima o fim da década de 1990, um maior número de participantes são mobilizados pelos Encontros

---

[63] *Jornal Sem Terra*, outubro de 1997.
[64] *Ibid.*
[65] *Jornal Sem Terra*, outubro de 1998.

de Sem Terrinha, crianças e adolescentes, e são acompanhados de largos momentos de preparação na base dos acampamentos e assentamentos. Nesta conjuntura, como já afirmado, se dá um envolvimento das famílias, estimuladas pelos professores ao debate em torno do Estatuto da Criança e do Adolescente. É o que se vê, por exemplo, desde a realização do II Encontro dos Sem Terrinha, em Pernambuco, contando com a significativa mobilização de 106 áreas de acampamentos e assentamentos de todo o estado, reunindo cerca de 1.200 crianças.

Afirmando os Sem Terrinha como crianças "filhos e filhas dos Sem Terra", o referido Encontro afirma também o que se tornaria uma das principais reivindicações nesta conjuntura, as Escolas Itinerantes nos acampamentos:

> O Encontro foi resultado de dois meses de preparação em que crianças, adolescentes, pais e professores das escolas de acampamentos e assentamentos discutiram o Estatuto da Criança e do Adolescente e prepararam uma pauta apresentada ao governo do Estado e à superintendência do Incra em que uma das principais reivindicações é a necessidade da Escola Itinerante nos acampamentos.[66]

Em 1998, na cidade de Recife, se reúnem 1.500 crianças e adolescentes em seu *Encontro Estadual dos Sem Terrinha*[67] e, em 2001, a participação alcançaria o significativo contingente de 2 mil crianças no Encontro. No Rio Grande do Sul, também se observa um vasto conteúdo de mobilizações e reivindicações protagonizadas pelos *Encontros Estaduais dos Sem Terrinha*. Em 1999, por ocasião do Encontro, duas ações se destacam: uma exposição fotográfica realizada a partir das próprias crianças, como já apresentado neste trabalho, e a publicização da "Carta dos Sem Terrinha ao MST".

---

[66] *Ibid.*, p. 3.
[67] *Jornal Sem Terra*, novembro de 1998.

Querido MST:
Somos filhos e filhas de uma história de lutas. Somos um pedaço da luta pela terra e do MST. Estamos escrevendo esta carta pra dizer a você que não queremos ser apenas filhos de assentados e acampados. Queremos ser SEM TERRINHA, pra levar adiante a luta do MST. No nosso país há muita injustiça social. Por isso queremos começar desde já a ajudar todo mundo a se organizar e lutar pelos seus direitos. Queremos que as crianças do campo e da cidade possam viver com dignidade. Não gostamos de ver tanta gente passando fome e sem trabalho pra se sustentar. Neste Encontro dos Sem Terrinha que estamos comemorando o Dia da Criança nos seus 15 anos, assumimos um compromisso muito sério: seguir o exemplo de lutadores como nossos pais e Che Guevara, replantando esta história por onde passarmos. Prometemos a você:
Ser verdadeiros Sem Terrinha, honrando este nome e a terra que nossas famílias conquistaram.
Ajudar os nossos companheiros que estão nos acampamentos, com doações de alimentos e roupas, incentivando para que continuem firmes na luta.
Estudar, estudar, estudar muito para ajudar na construção de nossas escolas: nossos assentamentos, nosso Brasil.
Ajudar nossas famílias a plantar, a colher, ter uma mesa farta de alimentos produzidos por nós mesmos e sem agrotóxicos.
Embelezar nossos assentamentos e acampamentos, plantando árvores flores, e mantendo tudo limpo.
Continuar as mobilizações e fazer palestras nas comunidades e escolas todo o Brasil.
Divulgar o MST e sua história, usando nossos símbolos com grande orgulho.
Ainda não temos 15 anos, mas nos comprometemos a trabalhar para que você, nós, MST, tenha muitos 15 anos de lutas e de conquistas para o povo que acredita em você e é você.
Um forte abraço de todos que participaram do III ENCONTRO ESTADUAL DOS SEM TERRINHA DO RIO GRANDE DO SUL
Esteio, 12 de outubro de 1999.[68]

---

[68] *Jornal Sem Terra*, novembro de 1998.

Os embates com a mídia corporativa também motivam a participação das crianças, como se observa em 2001, durante o V Encontro Estadual dos Sem Terrinha, quando foi protocolado junto ao Ministério Público uma representação criminal contra o radialista Rogério Mendelsky, da empresa RBS de comunicação, que havia se referido pejorativamente aos Sem Terrinha como *talibãzinhos*. Nesta conjuntura, como se sabe, se intensifica a estratégia de demonização da luta social e de justificativa das intervenções militaristas dos Estados Unidos no Afeganistão e no Iraque, por exemplo. No mesmo período, o Encontro dos Sem Terrinha, em João Pessoa, na Paraíba, delibera pelo envio de uma Carta das crianças à Organização das Nações Unidas (ONU), pedindo o fim da guerra do Afeganistão. Como se vê, o conteúdo dos Encontros é dado diretamente pelos debates em cada conjuntura, seja no plano nacional seja no internacional, afirmando estes momentos em sua qualidade de formação militante.

Em sintonia com o crescimento e a multiplicação das mobilizações dos Sem Terrinha, o MST lança, em 1999, uma publicação de relevo nesse conjunto, a cartilha *Crianças em movimento: as mobilizações infantis do MST*.[69] O documento apresenta a palavra das crianças: quem são, o que pensam e o que dizem delas próprias, tendo como principal lugar social os Encontros Estaduais de Sem Terrinha e suas mobilizações.

Com o passar dos anos, os encontros e as mobilizações dos Sem Terrinha vão ganhando uma função política mais ampla no conjunto do Movimento: mostrar à sociedade brasileira como o Movimento cuida de suas crianças e envolve-se com sua educação. E, a partir de 2004, passam a ser chamadas de *Semana Nacional dos Sem Terrinha*.

---

[69] MST. *Crianças em movimento*: as mobilizações infantis no MST. Porto Alegre, 1999. (Coleção Fazendo Escola, n. 2).

As pautas também vão se ampliando. A educação é uma demanda constante, porém outros temas presentes na agenda de reivindicações do MST são trazidos pela infância, e a temática da Educação vai se complexificando e ampliando seu vocabulário: "Queremos uma escola do campo em que os professores ensinem agroecologia, porque quando as crianças ficarem jovens vão saber trabalhar com a terra e tirar dela seu próprio sustento".[70]

"Agroecologia: produzindo uma vida, cuidando da natureza" foi o tema do V Encontro Estadual dos Sem Terrinha do Ceará, em 2006. Os conteúdos da história são o principal fio condutor do encontro. As crianças estudaram a história do MST no Ceará e no Brasil; visitaram a exposição sobre os 80 anos do Caldeirão,[71] no Museu do Ceará. Em uma das noites do encontro, foi realizada uma Jornada Socialista em memória do Sem Terrinha Lênin Afonso Paz.

No MST, o mês de outubro é, por excelência, o mês dos Sem Terrinha, porém as mobilizações, encontros e formações não ficam restritos somente a essas datas. A partir dos fatos da conjuntura e dos passos organizativos do Movimento, as crianças saem às ruas, juntamente com suas famílias ou em atividades específicas. As crianças vivem a luta social no cotidiano do

---

[70] Ana Paula, 11 anos, do Paraná. *Jornal Sem Terra*, out. 2005.
[71] O Caldeirão de Santa Cruz do Deserto foi um movimento messiânicos que surgiu no Cariri cearense. A comunidade era liderada pelo beato *José Lourenço*. No Caldeirão, os romeiros e imigrantes trabalhavam todos em favor da comunidade e recebiam uma quota da produção. A comunidade era pautada no trabalho, na igualdade e na religião. Em 1937, sem a proteção de Padre Cícero, que falecera em 1934, a fazenda foi invadida, destruída, e os sertanejos divididos, ressurgindo novamente pela mata em uma nova comunidade, a qual, em 11 de maio, foi invadida novamente, mas, dessa vez, por terra e pelo ar, quando aconteceu um grande massacre, com o número oficial de 400 mortos. Foi a primeira ação de extermínio do Exército Brasileiro e Polícia Militar do estado do Ceará. Acontecera o primeiro ataque aéreo da história do Brasil. Ver mais em: Camelo, Célia. *Caldeirão*: saberes e práticas educativas. Fortaleza: UFC, 2012.

Movimento. Analisando o significado dos Encontros Estaduais de Sem Terrinha, Edna Rosseto afirma que:

> Mesmo não atingindo resultados imediatos, é possível constatar que os encontros dos Sem Terrinha constituem processos cumulativos de formação de uma geração de jovens do MST, que passaram pelos encontros dos Sem Terrinha; atualmente, é comum encontrar muitos jovens desenvolvendo um trabalho com as crianças do MST. [...] Muitos outros estão na coordenação de setores, direção da regional, núcleos de base ou em outras tarefas do Movimento; assim, é uma constatação de que houve um despertar para o processo de exercício da militância nestes encontros dos Sem Terrinha. As ações desenvolvidas nos encontros exigem que as crianças aprendam a tomar decisões, respeitem a organização coletiva, propiciem o debate, sejam disciplinadas e desenvolvam o sentido de pertença à organização. Para isso, as crianças aprendem a planejar, executar e avaliar em conjunto, desde as atividades mais políticas ao lazer coletivo.[72]

Os Encontros também educam os adultos para que se possa construir um espaço político no qual os sujeitos são as crianças, é preciso ouvi-las e respeitá-las como crianças, percebendo que são diferentes, vêm de diferentes lugares, e que têm em comum um mesmo contexto de luta social.

Além dos Encontros e mobilizações das crianças, o mês de outubro também é significativo para o MST, porque nele se celebra também a Semana da Solidariedade, que culmina no dia 8 de outubro, em memória do revolucionário latino-americano Ernesto Che Guevara, quando os militantes do MST são estimulados ao trabalho voluntário em seus acampamentos e assentamentos.

A partir da leitura de estudos que abordam os Encontros dos Sem Terrinha e também de nossa pesquisa sobre o tema, podemos afirmar que as vivências e as atividades pedagógicas

---

[72] Rosseto, Edna Rodrigues Araújo. *Essa ciranda não é minha só, ela é de todos nós:* a educação das crianças Sem Terrinhas no MST. Campinas: Unicamp, 2009.

proporcionadas pelos Encontros aguçam o gosto pelo lúdico e influenciam na construção da identidade das crianças como camponesas Sem Terra. Esse espaço influencia também no modo de organização da infância nos assentamentos e acampamentos, quando sentem-se estimuladas à construção de espaços de organização nas comunidades onde vivem.

A Ciranda Infantil é um espaço de educação pensado na pedagogia do MST. As Cirandas podem ser permanentes, em escolas, centros de formação, acampamentos e assentamentos, ou itinerantes, nas mobilizações, ocupações, marchas, encontros e cursos. Desde 1996, as Cirandas são pensadas no Setor de Educação do MST, tendo por base uma experiência construída no MST do Ceará.

> Naquele ano (1995), nasceu meu primeiro filho. Daí tinha a dificuldade de ir para a atividade em outro estado e levar a criança. O problema concreto era a falta de local e pessoas adequadas para cuidarem do menino. Foi assim que, em outubro de 1996, durante o curso para Educadores de Jovens e Adultos, realizado em Canindé (CE), fizemos a primeira experiência da Ciranda Itinerante com a participação de sete crianças. A atividade foi muito interessante e chamou atenção dos presentes. Em dezembro do mesmo ano, no *Encontro Nacional de Educadores de Reforma Agrária*, organizamos a Ciranda Itinerante pela segunda vez. Entretanto, o desafio foi maior, pois recebemos 32 crianças. Para atender essa demanda, foi necessário capacitar os educadores que trabalham na Ciranda.[73]

Ainda no Ceará, em 1997, foi firmado um convênio entre o MST do estado e o Fundo das Nações Unidas para a Infância (Unicef), possibilitando a infraestrutura e o material pedagó-

---

[73] Maria de Jesus Santos, em entrevista à *Revista Sem Terra*, na edição de jul./ago./set. 1999. Nesse período, Maria de Jesus era coordenadora estadual do Setor de Educação infantil do MST do Ceará. Atualmente, faz parte da Direção Estadual do Movimento, também no Ceará.

gico para as Cirandas Itinerantes. Ainda de acordo com Maria de Jesus,

> Adquirimos materiais pedagógicos, a cozinha e organizamos cursos de capacitação para 120 educadores das regiões: litoral, sertão central e Maciço de Baturité. A partir dessa experiência, nasceu definitivamente a Ciranda Infantil no Movimento, que vem sendo recriada nos eventos regionais, estaduais e nacional realizados por esse Brasil afora.[74]

Em 1999, o trabalho dos educadores nas Cirandas Infantis já era reconhecido por adultos e crianças, como podemos observar do seguinte depoimento:

> Nesse curto período conseguimos aumentar a participação das agricultoras nos eventos. Agora, elas trazem seus filhos pequenos. A alegria da convivência das crianças Sem Terra é sentida por todos, pois o MST é um movimento familiar, no qual as crianças desempenham um papel importante.[75]

Também em 1999, se realizava o primeiro curso superior de Pedagogia da Terra, com o intuito de contribuir na formação dos educadores que atuavam nas Cirandas. O curso aconteceu na Universidade Regional do Noroeste do Rio Grande do Sul (Unijuí), em Ijuí, com a participação de 50 educadores de vários estados; nessa atividade, uma Ciranda Infantil funcionou durante todo o curso no interior da Universidade. Em matéria da *Revista Sem Terra*, em 1999, Edna Rodrigues Araújo, à época coordenadora nacional da Frente de Educação Infantil, mãe de dois filhos e uma das alunas do curso, narra a experiência:

> Nossa iniciativa acabou rompendo com a resistência da diretoria da Unijuí, que finalmente reconheceu que o trabalho dos educadores do MST com a garotada não era uma brincadeira de faz-de-conta, mas uma atividade séria. Em janeiro passado, quando chegamos

---

[74] *Ibid.*
[75] *Ibid.*

para estudar, tivemos a grata surpresa de encontrar à disposição dos profissionais da Ciranda Infantil materiais pedagógicos, brinquedos e jogos para serem utilizados nas atividades.[76]

Hoje, a Ciranda Infantil é referência como espaço educativo e de vivência; não é apenas um lugar para se cuidar das crianças, é um espaço no qual se realizam diversas atividades pedagógicas, de acordo com a faixa etária das crianças presentes em cada momento. Para Maria de Jesus Santos, a Ciranda recupera o sentido simbólico da vida em coletivo e o tempo da infância: "O nome é muito significativo porque lembra a união da força coletiva e, ao mesmo tempo, faz referência ao lúdico da brincadeira de roda presente na infância das pessoas de muitas partes do mundo".[77]

A Ciranda Infantil Itinerante se realiza durante as mobilizações, ocupações e atividades organizadas pelos vários setores, coletivos e instâncias do MST. Em seu início, foi pensada com o intuito de ampliar a participação, principalmente das mulheres, nos espaços organizativos e de luta do Movimento. Ao mesmo tempo, a Ciranda também passou a ser compreendida, pensada e planejada também como um direito das crianças. "Enquanto os pais se dedicam ao estudo, participam dos debates ou das plenárias, os filhos estão próximos, recebendo educação de qualidade com acompanhamento de profissionais capacitados exigidos pela criança pequena."[78]

No processo de luta no Movimento dos Trabalhadores Sem Terra, as crianças começaram a ser vistas em processo: primeiro como criança; em seguida, como criança acampada ou assenta-

---

[76] Edna Araújo Rosseto, em entrevista à *Revista Sem Terra*, na edição de jul./ago./set. 1999.
[77] Maria de Jesus Santos, em entrevista à *Revista Sem Terra*, na edição de jul./ago./set. 1999.
[78] *Ibid.*

da; e depois como criança Sem Terrinha. Na luta pela terra, em alguns momentos, as crianças reagiam, conforme as ações vividas neste processo, de forma mais espontânea.

A luta social faz parte do cotidiano dessas crianças. É a materialidade e a historicidade das lutas das quais participam que as educa, é o próprio Movimento em suas contradições, conquistas, derrotas, idas e vindas. Isto também decorre dos modos de organização coletiva e da estrutura orgânica que potencializa a formação das crianças. Segundo Suzy de Castro Alves, refletindo sobre a participação das crianças no momento de ocupação, afirma:

> Para as crianças, é também um momento de apreensão, pois apesar de não participarem da tomada de decisão, vivenciam os momentos de preparação e de tensão, participam das reuniões e acompanham os pais na ocupação. Esta tem significados que misturam curiosidade, medo e desejo de algo novo. O processo de ocupação modifica o cotidiano de adultos e de crianças, numa rotina jamais vivida, com assembleias, gritos de ordem, muita música, mística, discussão, um movimento propiciado pela condição de uma ocupação recente.[79]

Outro aspecto que a Ciranda Infantil valoriza é a brincadeira, porque esse é um aspecto que marca a infância, de uma maneira geral, configurando-se como a principal atividade das crianças no dia a dia. As crianças brincam independentemente do lugar onde moram, dos brinquedos que possuem, de estarem sozinhas ou em grupo. A brincadeira e o brincar, muitas vezes, são ato intuitivo e espontâneo.

Vale lembrar que a Ciranda Infantil é um dos espaços onde se desenvolvem atividades com as crianças, mas não é o único. As diversas atividades desenvolvidas com as crianças nos assen-

---

[79] Alves, Suzy de Castro. *As experiências educativas das crianças no acampamento Índio Galdino do MST*. Dissertação (Mestrado em Educação) – Faculdade de Educação, Universidade Federal de Santa Catarina, Santa Catarina, 2001.

tamentos e acampamentos possibilitam que elas estejam "em movimento". A vivência dessas crianças no MST possibilita que se crie entre elas uma cultura de mobilização impulsionada pela consciência de negação de direitos. A constatação dessa ausência de direitos somadas à vivência no Movimento propiciaram a formação das crianças Sem Terra, que, cotidianamente, criam e recriam seus espaços de participação, como os encontros dos Sem Terrinha, os núcleos infantis, os concursos nacionais de redações e desenhos e as Cirandas Infantis.

Esta participação das crianças é fruto de processos históricos vivenciados, ou seja, um conjunto de ações resultantes do protagonismo de cada uma das crianças, como parte da luta do próprio Movimento dos Trabalhadores Rurais Sem Terra, como se observa do estudo e da vivência de Edna Rodrigues Rosseto, para quem:

> Ao participar da luta pela terra junto com seus pais, as crianças do MST passam a ser sujeitos construtores de um processo transformador, a ter ideais, projetos de futuro, perspectivas de vida, tendo como referência a coletividade. A criança Sem Terra, no MST, passou a ser considerada um ser social que integra a totalidade de um projeto em construção. A participação ativa das crianças nas lutas do Movimento propicia a construção de resistências e as possibilidades em busca do projeto histórico-socialista.[80]

Aqui, é preciso lembrar que, apesar da participação das crianças na dinâmica e nas lutas do Movimento, elas vivem em uma sociedade capitalista que dissemina valores contrários aos do MST. Ressaltamos a forma como a mídia se dirige às crianças, enxergando-as apenas como público consumidor. Os Sem Terrinha vivem uma tensão entre os valores apreendidos nos espaços de participação do Movimento e a ideologia disseminada pela

---

[80] Rosseto, Edna Rodrigues Araújo. *Essa ciranda não é minha só, ela é de todos nós*: a educação das crianças Sem Terrinhas no MST. Campinas: Unicamp, 2009.

sociedade capitalista. Valores que se chocam permanentemente, principalmente, se levarmos em conta que a infância é um período peculiar de formação.

Nessa faixa etária, o acesso à educação infantil é um direito das crianças, que continua sendo sumariamente negado, em especial na zona rural, onde o número de creches é bastante reduzido. As Cirandas Infantis permanentes que cumprem esse papel, possibilitando às crianças um espaço de formação, são, geralmente, custeadas integralmente pelo próprio MST, face à omissão do Estado.

No Ceará, em 1999, dos 180 assentamentos existentes, se realizavam apenas seis Cirandas Permanentes: duas no Assentamento Lagoa do Mineiro, em Itarema; duas no Assentamento 25 de maio, em Madalena; uma no Assentamento Santa Bárbara, em Caucaia, e uma no Assentamento Santana, em Monsenhor Tabosa. Dez anos depois, em 2009, em levantamento efetuado para a Tese de Doutorado da pesquisadora Edna Rodrigues Araújo Rosseto, verificou-se a existência de 11 Cirandas Infantis no estado. Atualmente, podemos afirmar que as Cirandas Infantis constituem experiências pedagógicas de participação da infância camponesa no Brasil.

Afirmando as Cirandas Infantis como um lugar, um princípio e uma prática, neste trabalho trouxemos tal experiência para que se dimensione, na história social da infância no Brasil, as singularidades da história das crianças Sem Terrinha. Encerramos aqui este capítulo com a transcrição literal de uma *Carta dos Sem Terrinha pela Reforma Agrária*. A Carta, procedimento de escrita em coletivo, tem como signatárias *Nós crianças Sem Terrinha da Ciranda Infantil do Acampamento Nacional*, e parece muito com uma juntada de palavras de ordem gritadas nas marchas, nas ruas, nos Encontros, nos Congressos do MST, na Ciranda Saci Pererê da Escola Nacional Florestan Fernandes, em Guararema,

São Paulo. Ao modo também de uma declaração, o conteúdo da carta reúne princípios de luta, defesa do meio ambiente, cultivo de valores individuais e coletivos. Em suma, a carta, em modo singelo, pede a simplicidade de ser feliz num mundo que tenha horta, fogão de lenha, doce e queijo, banho de cachoeira e muito afeto, para encerrar com um grito muito conhecido no Brasil de dentro e de baixo dos Sem Terrinha do MST:

> Queremos Terra para plantação, cuidar das plantas e jogar o lixo orgânico na terra;
> Queremos Comida! Saúde e Escola. Queremos estudar em Escolas nos Acampamentos e Assentamentos;
> Queremos um lugar que tenha horta, fogão a lenha, que possa fazer doce e queijo.
> Que a alimentação seja boa, que o lixo seja separado e que tenha uma boa limpeza;
> Que coloque energia e água encanada nos Acampamentos e Assentamentos;
> Não brigar nos Acampamentos, respeitar uns aos outros e os mais velhos;
> Queremos Ciranda Infantil para brincar e ter um lugar para as crianças.
> Queremos que tenha cachoeira para ir.
> Queremos que nossos pais e mães deem muito carinho pra gente – CRIANÇA!!!
> Brilha no céu
> A estrela do CHE
> Somos Sem Terrinha
> Do MST.[81]

---

[81] Carta disponível em: <www.mst.br\semterrinha>.

CONSIDERAÇÕES FINAIS

Nesta vida pode-se aprender
Três coisas de uma criança:
Estar sempre alegre, nunca ficar inativo,
E chorar com força por tudo que se quer.

Paulo Leminski

Escrevemos essas linhas entre os meses de junho e julho de 2013, dias de plena efervescência e de retomada da rua como lugar do protesto social, entre uma e outra manifestação. Com o corpo dolorido do gás de pimenta, do medo da polícia e do Estado que persegue, ofende, fere e mata. Mas com o coração aquecido pelas ruas tomadas de gente. E lá também tomaram parte os Sem Terra com sua bandeira vermelha que insiste em tremular também nas cidades, lado a lado com os manifestantes que hoje tomam as ruas.

Os Sem Terra, como vimos, desde sua formação, têm nas marchas e ocupações também nas ruas das cidades seu modo de romper o silêncio sobre as agruras vividas no campo brasileiro. Nesse passo, os Sem Terrinha foram se afirmando e tomando parte da luta social, como visto neste trabalho. Aqui vale à pena recuperar um belo registro de mobilização e luta no Ceará. Em 17 de abril de 2012, em Fortaleza, como parte da jornada do Abril Vermelho e em memória da luta de Eldorado dos Carajás, o MST ocupou o Palácio da Abolição, sede do governo estadual, e os Sem Terrinha tomaram conta do espelho d'água do Palácio, transformando-o em uma imensa piscina. Ali as crianças subverteram completamente a ordem ocupando um "Palácio" que abriga um mausoléu da ditadura civil-militar e transformando o espelho d'água em espaço da alegria e da festa da luta social. O fato rendeu capa dos principais jornais e belos registros fotográficos da coreografia da infância Sem Terra. Aquela foi uma ocupação tensa, com a presença da tropa de choque da polícia militar em um lugar que não pode ser ocupado pelo povo. Todos sabiam que seria difícil e que poderia haver a violência de sempre. No entanto, as redes armadas, as bandeiras, o ato ecumênico, as canções, a sanfona e os gritos de ordem subvertiam o sentido conservador de preservação do patrimônio público. E as crianças fizeram sua parte. Elas estavam lá e quebraram todo o protocolo, até mesmo da própria ocupação, pois quando viram aquela água, que, de longe, parece azul, e ali mesmo, no palácio cercado pelos grandes prédios da cidade capital, eles pulavam de contentes tomando banho e brincando na água da piscina cenográfica. É mais fascinante ainda observar o sentimento das crianças Sem Terra dentro d'água e como, brincando, encenaram o ato mais subversivo daquele abril.

Mesmo o Estado e a mídia corporativa não conseguiram dizer que aquilo era baderna e vandalismo, tal a expressão de espontâneo encantamento das crianças Sem Terra dentro d'água. Por uma destas ironias (ou vingança?) da história social, a principal pauta daquele Abril Vermelho, no Ceará, era a denúncia dos graves problemas decorrentes da seca, que já "castigava" o Sertão pelo segundo ano consecutivo.

As ocupações, especialmente aquelas feitas nas cidades, em órgãos públicos, se dão em um tempo de luta, de jornadas de reivindicação, mas, para aquelas crianças, a ocupação também virou tempo de alegria e de brincadeira. Provando, em realidade, a afirmação de Antonio Candido, para quem a luta por justiça social é, em parte, uma reivindicação do tempo, uma conquista do direito de usá-lo para além do trabalho.

No decorrer da pesquisa, também percebemos que o Movimento Sem Terra assumiu como tarefa a formação das crianças dos acampamentos e assentamentos, gerando uma nova experiência para seus militantes e para o conjunto da organização. Até aqui essa experiência já gerou impactos na forma organizativa do Movimento e na decisão de suas pautas prioritárias, como se pôde observar dos documentos gerados em cada Congresso. Através da pesquisa, percebemos que os Sem Terrinha não correspondem à imagem das crianças que permanecem em silêncio, em espaços públicos. Não são *mudos da história,* deixam rastros, pintam, desenham, escrevem poesias e textos que, neste caso, como parte do Movimento Sem Terra, se encarregam de tornar público.

Esta pesquisa intentou também refletir sobre a singularidade, na história da luta social no Brasil, de um movimento social camponês em sua construção com as crianças, que são, em primeiro lugar, filhos dos militantes e das famílias que formam a base social do Movimento. Neste caso, outras pesquisas e estudos podem se voltar ao exame da percepção peculiar do MST sobre as crianças Sem Terra. Isto na medida em que, ao longo de sua existência de trinta anos, a juventude e a infância em formação assumem também as "trincheiras" da luta social. Neste caso, mesmo projetando o futuro do Movimento, os Sem Terrinha também (se) realizam no tempo presente. São sujeitos sociais que incorporam a pauta de luta no presente, que se auto-organizam nas marchas, nos encontros, nos acampamentos, nos assentamentos, nos congressos, na luta social.

Ao final de nosso estudo, temos consciência de que um largo repertório de fontes pode suscitar novas pesquisas acerca dos Sem Terrinha no Brasil. Canções, poesia social, desenhos, fotografia, material jornalístico, relatórios de encontros, resoluções de congressos, material audiovisual, cartas, coleções de livros, cartilhas, brochuras, material pedagógico, jogos educativos e muitas outras fontes, constituem um valioso manancial de pesquisa. Neste sentido, este estudo deseja participar de um esforço continuado de pesquisa no âmbito da história social.

ACERVOS E FONTES

Acervos
Arquivo da Secretaria Estadual do MST (CE).
Arquivo da Secretaria Nacional do MST (SP).
Arquivo do Instituto de Educação Josué de Castro (IEJC).
Associação Brasileira de Reforma Agrária (Abra): <www.abrareformaagraria. org>.
Banco de Teses e Dissertações da Coordenação de Aperfeiçoamento de Pessoal de Nível Superior (Capes).
Centro de Documentação e Memória da Universidade Estadual Paulista Júlio de Mesquita Filho (Cedem /Unesp).
Plebeu Gabinete de Leitura (Fortaleza, Ceará).
Sítio Armazém Memória. Disponível em: <http://www.armazemmemoria. org.br>. Acesso em: abril de 2013.

Fontes
BRASIL. Movimento das Mulheres Trabalhadoras Rurais. Uma história de mulheres: uma história da organização do movimento de mulheres trabalhadoras rurais do sertão central de PE. 2. ed. Serra Talhada, 2004.
Boletim Notícias da CNBB, n. 44, out. 1986
Boletim Sem Terra. De 1981 à 1984 (Todas as edições)
CAMINI, Isabela. (Coord.). Estória de Rosa. Movimento dos Trabalhadores Rurais Sem Terra.
CONTAG, "A política agrária do governo e os conflitos de terra no Brasil", 1981.
CPT. Cadernos Conflitos no Campo, 1985/1986.
CPT. Cadernos Conflitos no Campo, 1986/1987
CPT. Cadernos Conflitos no Campo, 1988.

Declaração conjunta dos movimentos sociais do campo. "Por Terra, Território e Dignidade". Brasília, 2012.
Estatuto da Criança e do Adolescente: um guia para jornalistas. Belo Horizonte, MG: Rede Andi Brasil, 2009.
Jornal Sem Terra. De 1984 a 2013. (Todas as edições).
Jornal Zero Hora, edição de 3 nov. 1985.
MST. A escola itinerante Paulo Freire no V Congresso do MST. São Paulo, 2009. (Coleção Fazendo Escola, n. 4).
MST. "As mentiras do governo FHC sobre reforma agrária". *Jornal Sem Terra* Ano 1, n. 1, 1998.
MST. Caderno de Formação, 27.
MST. "A História de uma Luta de Todos". Coleção Fazendo História, n. 3. Porto Alegre, 1996.
MST. Cadernos da Educação, n. 12, 2004.
MST. Cartilha Cantares da Educação do Campo. Setor de Educação, 2006.
MST. *Como de ser uma escola de assentamento?* 1992.
MST. "Construindo o Caminho Numa Escola de Acampamento do MST", 2000. (Coleção Fazendo escola).
MST. "Crianças em movimento. As mobilizações infantis no MST". Coleção Fazendo Escola, setor de educação do MST. Porto Alegre, 1999.
MST. "Normas Gerais do MST", 1988.
MST. "O MST é você", 1987.
MST. "O MST: a luta pela Reforma Agrária e por mudanças sociais no Brasil" – Documentos Básicos. São Paulo, 2005.
MST. "Os 25 anos", 2009.
MST. "Terra e Vida – trabalhos selecionados no concurso nacional de redações e desenhos em 2002". São Paulo, 2002.
Revista Veja, setembro de 1993.

Sites
ABRA: <www.abrareformaagraria.org>
Armazém Memória: <http://www.armazemmemoria.org.br>.
CIDADES: <www.cidades.org.br>
CPT: <www.cptnacional.org.br>
MST: <www.mst.org.br>
MST Sem Terrinha: MST: Sem Terrinha – o significado dos símbolos: <http://www.mst.org.br/semterrinha/o-significado-dos-s%C3%ADmbolos>
PRATI: Acervo de fotos do Rio Grande do Sul, da família Prati: <www.prati.com.br>
PJR: <www.pjr.org.br>

REFERÊNCIAS

ABROMOVAY, R. "Nova forma de lutar pela terra: acampar". *Revista da ABRA*, Campinas, 15(2), 1985.

ALMEIDA, Dóris Bittencourt. *Vozes esquecidas em horizontes rurais*: histórias de Professores. 2001. Dissertação (Mestrado em Educação) – Faculdade de Educação, Universidade Federal do Rio Grande do Sul, Porto Alegre, 2001. Disponível em: <http://www.lume.ufrgs.br/bitstream/handle/10183/1908/000311994.pdf?sequence =1>. Acesso em: jun. 2013.

ALVES, Juliete Miranda. *A obra de José de Souza Martins e a reforma agrária no Brasil:* uma leitura sociológica. 2003. Dissertação (Mestrado em Desenvolvimento Rural) – Faculdade de Ciências Econômicas, Universidade Federal do Rio Grande do Sul, Porto Alegre, 2003. Disponível em: <http://www.lume.ufrgs.br/bitstream/handle/10183/2861/000377382.pdf?sequence=1>. Acesso em: jun. 2013.

ALVES, Suzy de Castro. *As experiências educativas das crianças no acampamento Índio Galdino do MST.* 2001. Dissertação (Mestrado em Educação) – Faculdade de Educação, Universidade Federal de Santa Catarina, Santa Catarina, 2001.

ANDRADE, Mário de. *Os contos de Belazarte.* São Paulo: Martins, 1972.

ARENHART, Deise. *A mística, a luta e o trabalho na vida das crianças do assentamento Conquista na Fronteira*: significações e produções infantis. 2003. Dissertação (Mestrado em Educação) – Centro de Ciências da Educação, Universidade Federal de Santa Catarina, Florianópolis,

2003. Disponível em: <http://www.ced.ufsc.br/~nee0a6/deise.pdf>. Acesso em: jun. 2013.

ARIÈS, P. *História social da criança e da família*. Rio de Janeiro: Guanabara, 1978.

ARROYO, Miguel; FERNANDES, Bernardo Mançano. *A educação básica e o movimento social do campo*: articulação nacional por uma educação básica do campo. São Paulo, 1999.

BARCELLOS, Caco. *Nicarágua*: a Revolução das Crianças. Porto Alegre: Mercado Aberto, 1982.

BINDA, Nelson. *A família em transformação:* democratização das relações intrafamiliares de assentados. 2002. Dissertação (Mestrado em Sociologia) – Universidade Federal do Rio Grande do Sul, Porto Alegre, 2002. Disponível em: <http://tede.pucrs.br/tde_busca/arquivo.php?codArquivo=3442>. Acesso em: jun. 2013.

BOFF. Leonardo. Alimentar nossa mística. *In: Cadernos de Fé e Política*, n. 9, Petrópolis, 1993.

BOGO, Ademar. *Lições da luta pela terra*. Salvador: Memorial das Letras, 1999.

_____. O MST e a cultura. *Caderno de Formação*, n. 34, São Paulo: Iterrra, 2001.

BONAMIGO, Carlos Antônio. *Pedagogias que brotam da terra*: um estudo sobre práticas educativas do campo. 2007. Tese (Doutorado em Educação) – Faculdade de Educação, Universidade Federal do Rio Grande do Sul, Porto Alegre, 2007. Disponível em: <http://www.lume.ufrgs.br/handle/10183/10828>. Acesso em: jun. 2013.

BRANDÃO, Carlos Rodrigues. *O menino que lia o mundo*. 5. ed. São Paulo: ANCA, 2003.

CABRAL DO NASCIMENTO. Alcileide. *A sorte dos enjeitados*: o combate ao infanticídio e a institucionalização da assistência às crianças abandonadas no Recife (1879-1832). 2000. Tese (Doutorado em Ciências Sociais) – Universidade Federal de Pernambuco, Recife, 2000.

CALDART, Roseli Salete. *Pedagogia do Movimento Sem Terra*. São Paulo: Expressão Popular, 2004.

CAMELO, Célia. *Caldeirão*: saberes e práticas educativas. Fortaleza: UFC, 2012.

CARBONI, Florence; MAESTRI, Mario. *A linguagem escravizada*: língua, história, poder e luta de classes. São Paulo: Expressão Popular, 2012.

CARVALHO, Levindo Diniz. *Imagens da infância*: brincadeira, brinquedo e cultura. 2007. Dissertação (MestradoemEducação) – Faculdade de Educação, Universidade Federal de Minas Gerais, Belo Horizonte, 2007. Disponível em: <http://www.bibliotecadigital.ufmg.br/ dspa-

ce/bitstream/handle/1843/MMSC7DZHFH/versao_final_compactada_levindo.pdf?sequence=1>. Acesso em: jun. 2013.

CARVALHO, Regiane Sbroion de. *Participação infantil*: reflexões a partir da escuta de crianças de assentamento rural e de periferia urbana. Ribeirão Preto: USP, 2011.

CASTRO NEVES, Frederico. *A multidão e a história*: saques e outras ações de massas no Ceará. Rio de Janeiro: Relume Dumará, 2000.

CAUME. David José. *O MST e os assentamentos de reforma agrária, a construção de espaços sociais modelares*. Passo Fundo: Editora universitária de Passo Fundo; Goiânia: Editora da Universidade Federal de Goiás, 2006.

CHARTIER, Roger. *Leituras e leitores na França do antigo regime*. São Paulo: Unesp, 2004.

COLETTI, Claudinei. *A trajetória política do MST*: da crise da ditadura ao período neoliberal. 2005. Tese (Doutorado em Ciências Sociais) – Instituto de Filosofia e Ciências Humanas, Universidade Estadual de Campinas, Campinas, 2005. Disponível em: <http://www.bibliotecadigital.unicamp.br/document/?code=vtls000373130>. Acesso em: jun. 2013.

CORREIA, Luciana Oliveira. *Os filhos da luta pela terra*: as crianças do MST, significados atribuídos por crianças moradoras de um acampamento rural ao fato de pertencerem a um movimento social. Belo Horizonte: UFMG, 2004.

COSTA, Jurandir Freire. *Ordem médica e norma familiar*. Rio de Janeiro: Graal, 1979.

COUTINHO, Carlos Nelson. *Gramsci*: um estudo sobre seu pensamento político. Rio de Janeiro: Campus, 1992.

CUSTÓDIO, Andre Viana. *A exploração do trabalho infantil doméstico no Brasil Contemporâneo*: limites e perspectivas para sua erradicação. 2006. Tese (Doutorado em Direito) – Universidade Federal de Santa Catarina, Florianópolis: 2006.

DA SILVA, Moisés Pereira. *A prática político-pastoral do padre Josimo como modelo de mediação nos conflitos agrários no Araguaia-Tocatins (1975-1986)*. In: Anais do II Congresso Internacional de História da UFG: Jataí, 2011

DOSSI, Ana Paula. *Violência contra a criança:* formação, conhecimento, percepção e atitude de profissionais de saúde e educação. 2009. Tese (Doutorado em Saúde) – Universidade Estadual Paulista, São Paulo, 2009.

ENGELS, Friederich. *A origem da família da propriedade privada e do Estado*. Tradução de Leandro Konder. 2. ed. São Paulo: Expressão Popular, 2010.

FELIPE, Eliana da Silva. *Entre campo e cidade*: infância e leituras entrecruzadas – um estudo no assentamento Palmares II, PA. 2009. Tese (Doutorado em Educação) – Faculdade de Educação, Universidade Estadual de Campinas, Campinas, 2009. Disponível em: <http://cutter.unicamp.br/document/?code=000448961>. Acesso em: jun. 2013.

FERNANDES, Bernardo Mançano. *A formação do MST no Brasil*. Rio de Janeiro: Vozes, 2000.

_____. "A territorialização do MST: Movimento dos Trabalhadores Rurais Sem-Terra: Brasil". *Revista NERA* (Unesp), Presidente Prudente, ano 1, n. 1, 1998.

FERNANDES, Bernando Mançano; MEDEIROS, Leonildes Servolo; PAULILO, Maria Ignez Silveira. "Lutas camponesas contemporâneas: condições, dilemas e conquistas: o campesinato como sujeito político nas décadas de 1950 a 1980". v. 1. São Paulo: Unesp; Brasília: Ministério do Desenvolvimento Agrário, NEAD, 2009.

_____. Brasil: 500 anos de luta pela terra. *Revista de Cultura Vozes*. 1999. Disponível em: <http://www.nead.gov.br/portal/nead/arquivos/view/textos-digitais/Artigo/arquivo_19.pdf>. Acesso em: jun. 2013

FERREIRA, Maria Nazareth. *O impasse da comunicação sindical*: de processo interativo a transmissora de mensagens. São Paulo: Cebela, 1995.

FREIRE, Jonis. *Batismo e compadrio em uma freguesia escravista*: Senhor Bom Jesus do Rio Pardo, MG (1838-1888). 2004. Dissertação (Mestrado em História) – Universidade Estadual Paulista, Assis, 2004.

FRONTANA, Isabel C. R. da Cunha. *Crianças e Adolescentes nas ruas de São Paulo*.São Paulo: Loyola, 1999.

FRUTO DA TERRA. Tetê Moraes. Brasil: 2008. HDV (15 min.), colorido.

GASPAR, Marco Aurélio Fernandes. *A falta que faz a mística*: elementos para a retomada do trabalho de base nos movimentos populares. São Paulo: USP, 2010.

GEHRKE, Marcos. *Telhas e palavras*: as palavras de ordem dos Sem Terrinha do MST. Três Passos: Grafipassos Gráfica e Editora Ltda. 2012.

GODOI, Emilia Pietrafesa; MENEZES, Marilda Aparecida; MARIN, Maria Aparecida. Diversidade do campesinato: expressões e categorias. v. 1 e 2. São Paulo: Unesp; Brasília: Ministério do Desenvolvimento Agrário, Nead, 2009.

GONÇALVES, Adelaide. *Ceará Socialista. Anno 1919*. Fortaleza: Edições UFC. Editora Insular, 2001.

GONÇALVES, Adelaide & BRUNO, Allyson (Org.). *O Trabalhador Gráfico*. Edição fac-similar. Fortaleza: Editora UFC, Sindjorce, Funcet, 2002.

GONÇALVES, Adelaide. "Trabalhador lê?" *Revista de Ciências Sociais* (Fortaleza), Fortaleza, v. 34, 2003.

GOMES DE ANDRADE, Francisco. *Trajetória e condições do camponês*: as relações sociais nos assentamentos do Ceará. 2009. Tese (Doutorado em Sociologia) – Departamento de Ciências Sociais, Universidade Federal do Ceará, Fortaleza, 2009. Disponível em: <http://www.repositorio.ufc.br:8080/ri/bitstream/123456789/1223/1/2009_TESE_FGAndrade.pdf>. Acesso em: jun. 2013.

GÖRGEN, Frei Sérgio A. *O Massacre da fazenda Santa Elmira*. Petrópolis: Vozes, 1989.

_____. (Org.). *Uma foice longe da terra*: a repressão aos sem-terra nas ruas de Porto Alegre. Petrópolis: Vozes, 1991.

HOFFMAN, Leandro Sidinei Nunes. *Da cruz à bandeira*: a construção do imaginário do Movimento Sem Terra/RS, 1985-1991. 2002. Tese (Doutorado em História) – Instituto de Filosofia e Ciências Humanas, Universidade Federal do Rio Grande do Sul, Porto Alegre,2002. Disponível em: <http://www.lume.ufrgs.br/handle/10183/3032>. Acesso em: jun. 2013.

INTERVOZES. Coletivo Brasil de Comunicação Social. *Contribuições para a construção de indicadores do direito à comunicação*. São Paulo, 2010.

KOSHIYAMA, Alice Mitika "A Política de comunicação como fator de organização e mobilização dos movimentos sociais e populares". *In:* MENDONÇA, Maria Luísa Martins de. *Mídia e Diversidade Cultural*: experiências e reflexões. Brasília, Casa das Musas, 2009.

LEÓN, Osvaldo (coord.). *Democratizar la palabra*: movimientos convergentes en comunicacion. Quito: Agência Latino Americana de información (ALAI), 2013.

LAJOLO, Marisa. "Infância de papel e tinta". *In:* FREITAS, Marcos Cezar de. *História social da infância no Brasil*. 5. ed. São Paulo: Cortez, 2003.

LAZAROTTO, Aline Fátima. *A infância na imprensa escrita em Chapecó*: 1939-1979. 2010. Dissertação (Mestrado em Educação) – Universidade Federal de Santa Catarina, Florianópolis, 2010.

LE GOFF, Jacques. *História e memória*. Tradução de Bernardo Leitão *et al.* 2. ed. Campinas: Unicamp, 1992.

LIMA, Graziele Cristina Dainese de. *A experiência sem terra*: uma abordagem antropológica sobre a vida no acampamento. 2006. Dissertação (Mestrado em Antropologia) – Instituto de Filosofia e Ciências Humanas, Universidade Federal do Rio Grande do Sul, Porto Alegre, 2006. Disponível em: <http://www.lume.ufrgs.br/bitstream/handle/10183/7114/ 000539379.pdf?sequence=1>. Acesso em: jun. 2013.

LINEBAUGH, Peter Linebaugh; REDIAKE, Marcus Rediake. *A Hidra de muitas cabeças* – Marinheiros, escravos, plebeus e a história oculta do Atlântico revolucionário. São Paulo: Companhia das Letras, 2008.

LOERA, Nashieli Cecilia Rangel. *A busca do território*: uma aproximação à diversidade do seu significado entre os sem terra. 2004. Dissertação (Mestrado em Antropologia) – Instituto de Filosofia e Ciências Humanas, Universidade Estadual de Campinas, Campinas, 2004. Disponível em: <http://www.bibliotecadigital.unicamp.br/document/?code=vtls000383623>. Acesso em: jun. 2013.

LÖWY, M. *Marxismo e teologia da libertação*. São Paulo, Cortez, 1991.

LUCINE, Marizete. *Memória e história na formação da identidade sem terra no assentamento Conquista na Fronteira*. 2007. Tese (Doutorado em Educação) – Faculdade de Educação, Universidade Estadual de Campinas, Campinas, 2007. Disponível em: <http://www.bibliotecadigital.unicamp.br/document/?code=vtls=000437297&opt=1>. Acesso em: jun. 2013.

MACHADO, Ilma Ferreira. *A organização do trabalho pedagógico em uma escola do MST e a perspectiva de uma formação omnilateral*. 2003. Tese (Doutorado em Educação) – Faculdade de Educação, Universidade Estadual de Campinas, Campinas, 2003. Disponível em: <http://www.bibliotecadigital.unicamp.br/document/?code=vtls000297146>. Acesso em: jun. 2013.

MACHADO, Vitor Barleta. *Os caminhos da libertação, valores presentes na luta pela terra*. 2009. Tese (Doutorado em Sociologia) – Instituto de Filosofia e Ciências Humanas, Universidade Estadual de Campinas, Campinas, 2009. Disponível em: <http://cutter.unicamp. br/document/?code=000467554>. Acesso em: jun. 2013.

_____. *Agentes religiosos, motivação política*: a influência da igreja católica na organização do movimento dos trabalhadores rurais sem terra do assentamento II de Sumaré no estado de São Paulo. 2002. Dissertação (Mestrado em Sociologia) – Faculdade de Filosofia, Letras e Ciências Humanas, Universidade de São Paulo, São Paulo, 2002. Disponível em: <http://www.teses.usp.br/teses/disponiveis/8/8132/tde19072003-033643/pt-br.php>. Acesso em: jun. 2013.

MAIA, Graziele Vieira. Abordagens sociológicas das infâncias, *apud* REIS, Magali *et al*. *Crianças e infâncias*: educação, conhecimento, cultura e sociedade. São Paulo: Annablume, 2012.

MARIA, Noemi Antonio; WESCHENFELDER, Noeli Valentina. *Pedagogia cultural do movimento sem terra com relação à infância*. UNIJUÍ/UFRGS. 2009. Disponível em: <http://www.anped.org.br/reunioes/23/textos/0612t.PDF>. Acesso em: jun. 2013.

MARIN, Joel Orlando Bevilaqua. "Infância camponesa: processos de socialização". *In*: NEVES, Delma Pessanha; SILVA, Maria Aparecida de Moraes (orgs.) *Processos de constituição e reprodução do campesinato no Brasil*: formas tuteladas da condição camponesa. v. 1. São Paulo: Unesp; Brasília, DF: Núcleo de Estudos Agrários e Desenvolvimento rural, 2008. (História Social do Campesinato Brasileiro).

MARTÍ, José. *Nossa América - Antologia*. Introdução de Roberto Fernández Retamar. São Paulo: Hucitec, 1983.

MARTINS, José de Souza (org.). *O Massacre dos Inocentes*: a criança sem infância no Brasil. São Paulo: Editora Hucitec, 1993.

MARTINS, José de Souza. *Uma arqueologia da memória social*: autobiografia de um moleque de fábrica. Cotia, SP: Ateliê, 2011.

MELO NETO, João Cabral de. *Morte e vida severina*. Rio de Janeiro: Objetiva, 2007.

MITIDIERO JÚNIOR, Marco Antônio. *A ação territorial de uma igreja radical*: teologia da libertação, luta pela terra e atuação da comissão pastoral da terra no estado da Paraíba. 2008. Tese (Doutorado em Geografia Humana) – Faculdade de Filosofia, Letras e Ciências Humanas, Universidade de São Paulo, São Paulo, 2008. Disponível em :<http://www.teses. usp.br/teses/disponiveis/8/8136/tde-07012009161303/pt-br.php>. Acesso em: jun. 2013.

MOLINA, Mônica Castagna. *A reforma agrária e o movimento dos trabalhadores rurais sem terra*: a reinvenção do futuro. Campinas: Unicamp, 1998.

MORELLI, Aílton José. *Memórias de infância em Maringá*: transformações urbanas e permanências rurais (1970-1990). 2010. Tese (Doutorado em História Econômica) – Faculdade de Filosofia, Letras e Ciências Humanas, Universidade de São Paulo, São Paulo, 2010. Disponível em: <http://www.teses.usp.br/teses/disponiveis/8/8137/tde25082010-222316/pt-br.php>. Acesso em: jun. 2013.

MOTA, Márcia; ZARTH, Paulo (orgs.). *Formas de resistência camponesa*: visibilidade e diversidade de conflitos ao longo da história: concepções de justiça e resistência nas repúblicas do passado.v. 2. São Pau-

lo: Unesp; Brasília: Ministério do Desenvolvimento Agrário, Nead, 2008.
NASCIMENTO, Andréa Zemp Santana do. *A criança e o arquiteto*: quem aprende com quem? 2009. Dissertação (Mestrado em Arquitetura e Urbanismo) – Faculdade de Arquitetura e Urbanismo, Universidade de São Paulo, São Paulo, 2009. Disponível em: <http://www.teses.usp.br/teses/disponiveis/16/16135/tde-09062009-113941/ptbr.php>. Acesso em: jun. 2013.
NETO, Luiz Bezerra. *Sem terra aprende e ensina*: um estudo sobre as práticas educativas e formativas do movimento dos trabalhadores rurais sem terra – MST – 1979-1998. 1998. Dissertação (Mestrado em Educação) – Faculdade de Educação, Universidade Estadual de Campinas, Campinas, 1998. Disponível em: <http://www.bibliotecadigital.unicamp.br/ document/?code=vtls000135391>. Acesso em: jun. 2013.
NEVES, Delma Pessanha; SILVA, Maria Aparecida Moraes (orgs.). *Processos de constituição e reprodução do campesinato no Brasil:* formas tuteladas de condição camponesa. v. 1. São Paulo: Unesp; Brasília: Ministério do Desenvolvimento Agrário, Nead, 2008.
O SONHO DE ROSE – DEZ ANOS DEPOIS. Tetê Moraes. Brasil: 2000. 16 mm (92 min.), colorido.
OLIVEIRA, Cássia Milena Nunes. *MST:* a juventude como caminho. 2010. Dissertação (Mestrado em História Social) – Faculdade de Filosofia, Letras e Ciências Humanas. Universidade de São Paulo, São Paulo, 2010. Disponível em: <http://www.teses.usp.br/teses/ disponiveis/8/8138/tde-02082010-194325/pt-br.php>. Acesso em: jun. 2013.
OLIVEIRA, Luciana Aparecida Aliaga Ázara de. *A forma política do MST.* 2008. Dissertação (Mestrado em Ciência Política) – Instituto de Filosofia e Ciências Humanas, Universidade Estadual de Campinas, Campinas, 2008. Disponível em: <http://cutter.unicamp. br/ document/?code=vtls000436569>. Acesso em: jun. 2013.
OLIVEIRA, Maria Edilara Batista de; GARCÍA, María Franco. "A luta pela terra e pela educação no assentamento rural do MST Zumbi dos Palmares e no acampamento pequena Vanessa, Mari, Paraíba". *In: Revista Pegada*, São Paulo, v. 10, n. 1, jun. 2009.
PAVAN, Dulcinéia. "O caminho feminino para a reforma agrária". *Revista NERA*, Presidente Prudente, Série Estudos, ano 3, n. 3, 2000.
PAYER, Maria Onice. *Reprodução, confrontos e deslocamentos de sentido:* a prática discursiva da educação popular no meio rural. 1992. Dissertação (Mestrado em Linguística) – Universidade Estadual de Cam-

pinas, Campinas, 1992. Disponível em: <http://cutter.unicamp. br/ document/?code=000436569>. Acesso em: jun. 2013.

PERLI, Fernando. *Sem terra*: de boletim a tablóide: um estudo do jornal dos trabalhadores rurais sem terra: entre a solidariedade e a representação (1983-1987). 2002. Dissertação (Mestrado em História) – Faculdade de Ciências e Letras, Universidade Estadual de São Paulo, Assis, 2002.

PERROT, Michelle. A juventude operária: da oficina à fábrica. *In:* LEVY, Giovanni; SCHIMITT, Jean-Claude. *História dos jovens.* Tradução de Paulo Neves, Nilson Moulin, Maria Lúcia Machado. São Paulo: Companhia das Letras, 1996.

PERUZZO, Cicillia M. Kroling. "Movimentos sociais, cidadania e o direito à comunicação comunitária nas políticas públicas" *in* FUSER, Bruno (org). *Comunicação para a Cidadania: Caminhos e impasses.* RJ: E--Pappers, 2008.

PESCHANSKI, João Alexandre. *A evolução organizacional do MST.* 2007. Dissertação (Mestrado em Ciência Política) – Faculdade de Filosofia, Letras e Ciências Humanas, Universidade de São Paulo, São Paulo, 2007. Disponível em: <http://www.teses.usp.br/teses/ disponiveis/8/8131/tde-12022008-114924/pt-br.php>. Acesso em: jun. 2013.

PESSOA, Fernando. *Livro do desassossego.* 4. ed. São Paulo: Brasiliense, 1986.

PIUBELLI, Rodrigo. *Memórias e imagens em torno do índio Pataxó Hãhãhãe Galdino Jesus dos Santos (1997-2012).* Dissertação de Mestrado em História Cultural. Brasília: UnB, 2012.

POLLACK, M. *Memória e identidade social*: estudos históricos. v. 5, n. 10. Rio de Janeiro, 1992.

POSSEBON, Alessandra Franceschini. *Hegemonia, cidadania e comunicação:* uma análise do *Jornal Sem Terra.* 2011. Dissertação (Mestrado em Comunicação) – Universidade Estadual Paulista, Bauru, 2011.

RAMALHO, Cristiane Barbosa. Quem são os sem-terra? Uma questão relevante para a compreensão da luta pela terra no Brasil. *Revisa Nera*, Presidente Prudente, ano 1, n. 1, jul. 1998.

RANGEL, Maria do Socorro. *Medo da Morte, Esperança da vida. A história das Ligas Camponesas na Paraíba.* Dissertação de Mestrado. Universidade Estadual de Campinas, Campinas, 2000.

REBOUÇAS, Lídia Marcelino. *Da exclusão à participação:* o moimento social dos trabalhadores atingidos por barragens. São Paulo: Edusp, 2002.

REIS, Magali *et al. Crianças e infâncias: educação, conhecimento, cultura e sociedade.* São Paulo: Annablume, 2012.

REVISTA BRASILEIRA DE HISTÓRIA. Anpuh. São Paulo. Disponível em: <http://www.anpuh.org/revistabrasileira/public>. Acesso em: 02/05/2013

RIBEIRO, Suzana Lopes Salgado. *Tramas e traumas:* identidades em marcha. 2007. Tese (Doutorado em História Social) – Faculdade de Filosofia, Letras e Ciências Humanas, Universidade de São Paulo, São Paulo, 2007. Disponível em: <http://www.teses.usp.br/teses/disponiveis/8/8138/tde-01112007-143040/pt-br.php>. Acesso em: jun. 2013.

RODRIGUES, Marlon Leal. *MST:* discurso de reforma agrária pela ocupação, acontecimento discursivo. 2006. Tese (Doutorado em Linguística) – Instituto de Estudos da Linguagem, Universidade Estadual de Campinas, Campinas, 2006. Disponível em: <http://cutter.unicamp.br/document/?code=vtls000432793>. Acesso em: jun. 2013.

ROSSETO, Edna Rodrigues Araújo. *Essa ciranda não é minha só, ela é de todos nós:* a educação das crianças Sem Terrinhas no MST. Campinas: Unicamp, 2009.

SADER, Eder. *Quando novos personagens entraram em cena:* experiências, falas e lutas dos trabalhadores da Grande São Paulo, 1970/1980. Rio de Janeiro: Paz e Terra, 1988.

SANTOS, Irineia Maria Franco dos. *Luta e perspectiva da teologia da libertação:* o caso da comunidade São João Batista, Vila Rica, São Paulo: 1980-2000. 2006. Dissertação (Mestradoem História) – Faculdade de Filosofia, Letras e Ciências Humanas, Universidade de São Paulo, São Paulo, 2006. Disponível em: <http://www.teses.usp.br/teses/disponiveis/8/8138/ tde-15012007-113700/pt-br.php>. Acesso em: jun. 2013.

SANTOS, Ramofly Bicalho do. *O projeto político pedagógico do movimento dos trabalhadores rurais sem terra*: trajetórias de educadores e lideranças. 2007. Tese (Doutorado em Educação) – Faculdade de Educação, Universidade Estadual de Campinas, Campinas, 2007. Disponível em: <http://www.bibliotecadigital.unicamp.br/document/?code=000409092>. Acesso em: jun. 2013.

SAWAYA, Sandra Maria. *A leitura e a escrita como práticas culturais e o fracasso escolar das crianças de classes populares*: uma contribuição crítica. 1999. Tese (Doutorado em Psicologia) – Instituto de Psicologia, Universidade de São Paulo, São Paulo, 1999.

SCHIMIDT, Maria Auxiliadora. A concepção moderna de infância e os modos de ensinar história em *Em Tempo – História, Memória e Educação*. Fortaleza: Imprensa Universitária, 2008.

SCHMITT, Claudia J. *O tempo do acampamento*: a construção da identidade social e política do "colono sem terra". 1992. Dissertação (Mestrado em Sociologia Rural) – Instituto de Filosofia e Ciências Humanas, Universidade Federal do Rio Grande do Sul, Porto Alegre, 1992.

SIGAUD, Lygia Maria. *Efeitos sociais de grandes projetos hidrelétricos*: as barragens de Sobradinho e Machadinho. Rio de Janeiro: Museu Nacional,1986.

SILVA, Mary Cardoso da. *O jornal sem terrinha como um projeto político pedagógico de formação da criança do MST.* 2010. Monografia (Graduação em Educação) – Universidade Federal de Minas Gerais, Belo Horizonte, 2010.

SILVA, Mauricio Roberto da. *O assalto à infância no mundo amargo da cana-de-açúcar:* onde está o lazer/lúdico? O gato comeu? 2000. Tese (Doutorado em Educação) – Faculdade de Educação, Universidade Estadual de Campinas, Campinas, 2000. Disponível em: <http://www.bibliotecadigital.unicamp.br/document/?code=vtls000213900>. Acesso em: jun. 2013.

SOUZA, Enilce Lima Cavalcante de. Terra Livre – o jornal como escola. Lendo, escutando, escrevendo e construindo a luta camponesa em Tempo no plural. *História, ensino, diversidade cultural.* Universidade Federal do Ceará, 2008.

STEDILE, João Pedro; FERNANDES, Bernardo Mançano. *Brava gente:* a trajetória do MST e a luta pela terra no Brasil. São Paulo: Fundação Perseu Abramo, 1999.

TAKADA, Paula Monteiro.*Comunicação Popular no século XXI, por onde (re)começar?* Disponível em: <http://www.alaic.net/alaic30/ponencias/cartas/Com_popular/ponencias/GT15_6takada.pdf >.

TELLES, Vera da silva. *A cidadania inexistente:* incivilidade e pobreza: um estudo sobre trabalho e família na Grande São Paulo.1992. Tese (Doutorado em Sociologia) – Faculdade de Filosofia, Letras e Ciências Humanas, Universidade de São Paulo, São Paulo, 1992.

TERRA PARA ROSE. Tetê Moraes. Vemver Comunicação e coprodução da Embrafilme. Brasil: 1987. 16 mm. 83 min., colorido.

THOMPSON, E. P. *A formação da classe operária inglesa:* a árvore da liberdade. Tradução de Denise Bottman. 6. ed. São Paulo: Paz e Terra, 2011.

VALDEZ, Diane. *Filhos do pecado, moleques e curumins:* imagens da infância nas terras goyanas do século XIX. 1999. Dissertação (Mestrado em História) – Universidade Federal de Goiânia, Goiás, 1999.

WELCH, Clifford Andrew *et al.* (Orgs.). *Camponeses brasileiros:* leituras e interpretações clássicas. v. 1. São Paulo: UNESP; Brasília: Ministério do Desenvolvimento Agrário, Nead, 2009.

WESCHENFELDER, Noeli Valentina. *A pedagogia cultural do MST com relação à infância*. In: REUNIÃO ANUAL DA ANPED, 23., 2000, Caxambu. Disponível em: <http://www.anped;org.br/reunioes/23/textos/0612>. Acesso em: jun. 2013.

ZACCHI, Vanderlei José. *Linguagem e cultura na construção da identidade do Sem Terra*. 2009. Tese (Doutorado em Letras) – Faculdade de Filosofia, Letras e Ciências Humanas, Universidade de São Paulo, São Paulo, 2009. Disponível em: <http://www.teses.usp.br/teses/disponiveis/8/8147/tde01022010-123559/pt-br.php>. Acesso em: jun. 2013.